AQA Spanish

Exclusively endorsed by AQA

AS

Jean Edwards
Ana Kolkowska
Libby Mitchell
Mike Zollo

 Nelson Thornes

Published in 2008 by:
Nelson Thornes Ltd
Delta Place
27 Bath Road
CHELTENHAM
GL53 7TH
United Kingdom

09 10 11 12 / 10 9 8 7 6 5 4

A catalogue record for this book is available from the British Library

ISBN 978-0-7487-9810-0

Illustrations by: Mark Draisey, Clive Goodyer, Andy Peters, David Russell
Illustration, Eric Smith, Graham Smith (c/o The Bright Agency)

Front cover photography by Corbis/ImageShop

Page make-up by eMC Design Ltd, www.emcdesign.org.uk

Printed in China by 1010 Printing International Ltd

Contents

Introduction

Nelson Thornes has worked in partnership with AQA to ensure this book and the accompanying online resources offer you the best support for your A Level course.

All resources have been approved by senior AQA examiners so you can feel assured that they closely match the specification for this subject and provide you with everything you need to prepare successfully for your exams.

These print and online resources together **unlock blended learning**; this means that the links between the activities in the book and the activities online blend together to maximise your understanding of a topic and help you achieve your potential.

These online resources are available on **kerboodle!** which can be accessed via the internet at **http://www.kerboodle.com/live**, anytime, anywhere. If your school or college subscribes to this service you will be provided with your own personal login details. Once logged in, access your course and locate the required activity.

For more information and help visit **http://www.kerboodle.com**

Icons in this book indicate where there is material online related to that topic. The following icons are used:

💡 Learning activity

These resources include a variety of interactive and non-interactive activities to support your learning.

✔ Progress tracking

These resources include a variety of tests that you can use to check your knowledge on particular topics (Test Yourself) and a range of resources that enable you to analyse and understand examination questions (On Your Marks…).

📑 Study skills

This icon indicates a linked worksheet available online to print out, with activities to develop a skill that is key for language learning, such as tackling reading passages or arguing a case.

🎧 Audio stimulus

This indicates that audio material for listening activities can be found online.

🎙 Audio record

This indicates one of two types of tool that help you develop your speaking skills – either a free-speech recording tool that you can use with speaking activities, or an audio roleplay tool that enables you to interact with pre-recorded native speakers.

📺 Video stimulus

This indicates that audio-visual material can be found online to support listening and other activities.

■ How to use this book

This book covers the specification for your course and is arranged in a sequence approved by AQA. The twelve chapters are arranged in the same sequence as the topics and sub-topics in the AQA specification, so there is always a clear link between the book and the specification. At the beginning of each chapter you will find a list of learning objectives that contain targets linked to the requirements of the specification.

The features in this book include:

¿Lo sabías?

An anecdotal insight into facts/figures relating to each sub-topic.

Actividad preliminar

An introductory feature designed as an accessible starter activity for each chapter.

Gramática

Summary grammar explanations and examples, linked to online worksheets.

(NB. A full grammar section can be found at the back of the book.)

Estrategias

On most spreads, a Skills heading directs you to online worksheets that help build key language learning strategies.

Vocabulario

The most challenging new items of vocabulary from the reading texts on each spread are translated in these boxes. The online Vocabulary Builder helps you to learn these new words.

Expresiones claves

Key words and phrases designed to give you prompts for productive tasks.

¡Haz la prueba!

A summary quiz that tests key language learnt in each chapter (also available as a multiple choice version online).

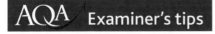 Examiner's tips

Hints from AQA examiners to help you with your study and to prepare for your exam.

■ Web links in the book

As Nelson Thornes is not responsible for third party content online, there may be some changes to this material that are beyond our control. In order for us to ensure that the links referred to in the book are as up-to-date and stable as possible, the websites are usually homepages with supporting instructions on how to reach the relevant pages if necessary.

Please let us know at **kerboodle@nelsonthornes.com** if you find a link that doesn't work and we will do our best to redirect the link, or to find an alternative site.

A message to students

Congratulations on choosing to study a language to AS level – you have made a decision that will give you many opportunities in the future.

Good foreign language skills are in short supply and can be used in many different jobs. Translating, interpreting and the travel industry obviously require linguists, but so too do many other areas of employment – financial services, marketing, engineering, logistics and journalism to name just a few. Or maybe you will use your language skills and understanding of Spanish culture to make your holidays more enriching and enjoyable. Either way, there are many benefits of learning one or more languages to an advanced level.

The new AQA specification in modern languages has been designed to provide a coherent and stimulating course of study, whether as an end in itself or as a stepping stone towards further study at university. The topics have been carefully chosen to enable clear progression from GCSE and to address your needs and interests as A Level students.

In the examination you will be tested in the four essential skills of listening, reading, speaking and writing, including open-ended tasks that require you to express and justify opinions. You will also be tested on your understanding and application of Spanish grammar and structures. Although cultural knowledge is no longer separately assessed at AS level, languages are spoken by real people in a real context and the stimulus materials are therefore rooted in Spanish culture.

This course with its innovative online component has been compiled by experienced teachers and examiners to help you to prepare for the examination with confidence and make the most of your abilities.

The book is clearly laid out to match the topics and sub-topics in the AQA specification. Each sub-topic is presented through a range of texts, recordings and visual material, with new vocabulary introduced and highlighted where appropriate. Essential grammar points are explained clearly and 'skills' features direct you to online support that gives guidance on how to use the language like a native speaker. Open-ended speaking and writing tasks enable you to apply the new vocabulary and structures that you have learnt, including some more challenging tasks designed to extend your skills.

The online component provides additional stimulus material and support for activities in the book, as well as a range of interactive exercises and printable worksheets which you can use both independently and in class. The exercises provide plenty of practice of the grammar and structures presented in the book, together with topic-based activities that will help you prepare for the question types used in Units 1 and 2 of the examination. At the end of each sub-topic you will be able to test yourself through a multiple-choice quiz, focusing again on key vocabulary and structures, and at the end of each topic exam-style questions help you to practise answering the types of questions you can expect in the examination.

AQA and Nelson Thornes hope that you will find your language study rewarding and enjoyable, and we wish you success for AS and beyond.

Paul Shannon

AQA Senior Examiner

Los medios

1 La televisión

By the end of this sub-topic you will be able to:

	Language	Grammar	Skills
A **Nosotros y la tele**	■ describe TV viewing habits and preferences, giving personal opinions about different types of programme	■ use the present tense ■ use verbs like *gustar*	■ use expressions of frequency to say how often you do something
B **¿Qué ponen en la tele?**	■ describe and discuss the range of channels and programmes, looking at their appeal and popularity	■ use adjectives in their correct form and position	■ summarise a text by identifying key points
C **Lo bueno y lo malo de la tele**	■ discuss the benefits and dangers of TV	■ use definite and indefinite articles, including *lo*	■ discuss 'do's and don'ts', and advantages and disadvantages

¿Lo sabías?

■ Nueve de cada diez españoles ven la televisión a diario aproximadamente unas 3 horas y media.

■ La hora de máxima audiencia es entre las 9 y las 11 de la noche: uno de cada dos españoles está viendo la tele a esa hora.

■ Los programas que ven los españoles habitualmente son, por orden de preferencia, los telediarios e informativos (67%); las películas (30%); los programas o retransmisiones de fútbol (22%); las series (17%) y los concursos (14%).

■ España es el único país de la Unión Europea donde los ciudadanos no pagan un canon* para subvencionar la radiotelevisión pública.

*el canon para subvencionar la radiotelevisión pública – *licence fee*

Actividad preliminar

¿Eres teleadicto?

Elige la respuesta que es verdadera para ti.

1 ¿Con qué frecuencia ves la televisión?
a Una o dos veces a la semana
b Tres o cuatro veces a la semana
c Todos los días

2 ¿Cuántas horas al día ves la televisión?
a Una hora o menos
b 2 o 3 horas al día
c 4 horas o más

3 ¿Cuándo ves la televisión?
a Antes de acostarme
b Cuando llego a casa después del colegio
c Toda la tarde

4 ¿Por qué ves la televisión normalmente?
a Para informarme
b Para relajarme
c Para divertirme

5 ¿Tienes la tele puesta cuando estudias?
a Nunca
b A veces
c Siempre

6 ¿Con cuál de estas opiniones estás de acuerdo?
a Ver la tele es una pérdida de tiempo.
b La televisión puede ser una herramienta educativa.
c Con la tele puesta no te sientes solo.

A   Nosotros y la tele

Vocabulario

la caja tonta *'the box' (TV)*

un capítulo *an episode*

el conjunto *the whole*

engancharse a *to get hooked on*

enredarse en *to get involved in*

el espacio publicitario *commericial break*

la norma *habit, what you normally do*

puesto/a *switched on*

poner *to switch on*

superar (en x minutos) *to overtake, exceed (by x minutes)*

volver loco a alguien *to drive someone mad*

1 a 🔆🎧 Escucha las entrevistas. Haz una lista de los tipos de programas que se mencionan en el orden en que los oyes. Se mencionan once tipos.

b 🔆 Lee el artículo.

¿Cuánto tiempo se pasa ante el televisor?

Cataluña está en lo alto del podio en consumo televisivo. El año pasado, los catalanes batieron el récord de tiempo pasado ante el televisor: 219 minutos por día y persona, lo que equivale a dedicarle el 15% de la jornada y el equivalente a 60 días enteros al año. Comparativamente, los catalanes superan en dos minutos la media del conjunto de España en consumo televisivo, que en 2005 fue de 217 minutos. España, junto con Italia, es de los países que más horas pasa frente a la televisión.

En el último estudio de Corporación Multimedia, se confirmó el progresivo descenso del consumo infantil de televisión, nueve minutos menos que la media. El dato se interpreta por el uso de 'otras pantallas', como las de ordenadores con conexión a internet, consolas y móviles. Las mujeres, con 3 horas y 55 minutos, pasan media hora más ante el televisor que los hombres. Y por encima de todos, los mayores de 65 años, que consumen una media de 5 horas y 55 minutos de televisión al día.

© EL PAIS, SL.

c ¿Qué opinas tú?

   i   ¿Por qué ven más tele las mujeres que los hombres?

   ii ¿Por qué pasan menos tiempo los niños ante el televisor que el resto de la población?

   iii ¿Por qué pasan los jubilados tantas horas ante la pantalla?

   iv ¿Por qué ven más televisión los españoles e italianos que el resto de los europeos?

d 🔆🎧 ¿Con qué frecuencia ves la tele?

2 a 🔆 ¡Prepárate para una discusión!

b Trabaja con un(a) compañero/a. Discutid sobre lo que veis en la televisión y vuestras normas como telespectadores. ¡Planifica lo que vas a decir! Recuerda que debes:

- Comenzar bien
- Explicar tus argumentos y opiniones
- Dar ejemplos
- Llegar a una conclusión

3 La telebasura: ¿nos gusta o nos repugna?

Telebasura es un término despectivo usado en España. Se refiere a los programas de no ficción que difunden valores negativos sobre todo entre los niños. La telebasura suele asociarse a los programas del corazón, telerealidad y los culebrones.

En la actualidad, en España se considera comúnmente telebasura la buena parte de la programación de la televisión.

La telebasura se puede comparar con la prensa sensacionalista. Algunos de los argumentos que se utilizan para denunciar un programa como telebasura son la existencia en ellos de aspectos como la falta de respeto al derecho de intimidad; la atracción por el sexo, el escándalo y la violencia y la preferencia por la pelea en vez del diálogo.

El objetivo de la telebasura es obtener la máxima ganancia con el mínimo gasto a toda costa. Para ello los programadores recurren a tácticas tales como alargar programas para poder meterles más publicidad. Otra táctica es promocionar programas de la misma cadena, creando controversias artificiales con personajes salidos de programas como *Gran Hermano* en otros programas.

http://es.wikipedia.org

a Lee el artículo y los títulos más abajo. Hay un título para cada párrafo del artículo. Pon los títulos en el orden correcto (escribe los números).

  i   Los aspectos negativos de la telebasura
  ii Una definición sencilla de la telebasura
  iii ¿Cuáles son las intenciones de los que hacen estos programas?
  iv La importancia de la telebasura en España

b Haz una lista de los nueve verbos en el texto en el presente de indicativo. Pon los verbos en el infinitivo y después ponlos en la primera persona del presente indicativo.

Ejemplo: _____

es, ser, soy

_____

4 💡 ¿Eres tele adicto/a? Haz la actividad. (hoja de trabajo)

💡 Gramática

Gustar

▨ You know that *gustar* is used to say that someone likes something. Remember that it must agree with the 'something', not the 'someone'!:
Me gustan las telenovelas, pero no me gusta la telebasura.

▨ *Gustar* is used with the following pronouns: *me, te, le, nos, os, les*
Other verbs that work in the same way are: *encantar, interesar, emocionar, entusiasmar, quedar, faltar, sobrar, doler, hacer falta, repugnar.*

Expresiones claves

¿Qué tipo de programas de televisión prefieres?
me gusta/no me gusta ...
el informativo
la telebasura
el telediario
la telerealidad
me gustan/no me gustan ...
los concursos
los cotilleos
los culebrones
los dibujos animados
las películas
los programas de corazón
los programas musicales
los programas documentales
las series
las telenovelas

Vocabulario

despectivo *pejorative, negative*
difundir *to spread*
la ganancia *profit*
el gasto *expense*
la intimidad *privacy*
la pelea *quarrelling*

🔖 Estrategias

Expressions of frequency

You need a set of expressions to say how often you do something. For example:
dos veces al día/a la semana/al mes
rara vez
frecuentemente
nunca
de vez en cuando

Vocabulario

aguantar *to put up with*

ambientar *to set (context of a story)*

ameno *engaging, enjoyable*

un avance *a trailer*

las bambas *an insulting word for trainers, 'gym shoes'*

las Comunidades Autónomas *self governing regions*

los contenidos de corazón *celebrity gossip*

corriente *ordinary*

desapercibido *unnoticed*

la falta absoluta *complete lack*

el jurado *jury*

maleducado *rude*

el público objetivo *target audience*

sobrado *over the top*

soñar *to dream*

la supervivencia *survival*

el vencedor *winner*

1 a 🔆🎧 Escucha e identifica los canales de la lista en orden de popularidad. ¡Ojo! Sobran dos canales que no se mencionan.

i   TVE 1 (La Primera)
ii TVE 2 (La 2)
iii Antena 3
iv Cuatro
v   Telecinco
vi La Sexta
vii Teledeporte
viii Los autonómicos, por ejemplo Telemadrid
ix Canal Compras

b 🔆🎧 Escucha otra vez y contesta a las preguntas.

i   ¿Cuáles de los canales son privados?
ii ¿Cuáles de los canales mencionados son estatales?
iii ¿Qué Comunidades Autónomas se mencionan?
iv ¿Qué canal emite series americanas?
v   ¿Qué canal quiere atraer televidentes jóvenes?

2 a 🔆 Lee las descripciones de algunos de los programas más populares entre los televidentes españoles, y haz las actividades.

b Lee el texto y contesta a las preguntas.

Los Serrano

Serie de ficción que narra las peripecias de un reciente matrimonio entre un viudo y una divorciada, con sus respectivos hijos. *Los Serrano* es una comedia dirigida a toda la familia. Los conflictos familiares fomentan las situaciones hilarantes. Los personajes constituyen una familia numerosa actual y urbana. Diego y Lucía se casan tras encontrase casualmente en una carretera y ver cómo renace su amor de juventud. Él aporta al matrimonio los tres hijos de su primera esposa, mientras que ella trae las dos hijas de una relación anterior.

Los Serrano

i   ¿Qué tipo de programa es *Los Serrano*?
ii ¿Cuál es el público objetivo?
iii ¿Qué es la base de la comedia?
iv ¿Dónde se volvieron a conocer Diego y Lucía?
v   ¿Cuántos hijos tiene el matrimonio en total?

c Traduce el texto *Los Serrano* al inglés.

3 a 💡📺 Mira los dos avances y haz las actividades.

b 🖊 Inventa y graba un avance para un programa de televisión. Utiliza el plan para ayudarte.

> (Nombre del programa) .... Es un programa (tipo de programa) .... se emite (cuándo y en qué canal se emite) .... Es un programa para (público objetivo) .... porque es (descripción del programa) .... Esta semana el programa se enfoca en (de qué trata el próximo programa) ....

◀ ⟳ | [   ] | 🔍 Buscar

Inicio | Índice | Sitemap | Ayuda | Versión texto

FAQs
Noticias
Acceso directo
Arriba

Factor 'Derrota'

En Cuatro están promocionando su programa *Factor X*, que a mi ver es una versión débil de aquel otro programa telebasura, *Operación Triunfo*.

No hay nada que no hayamos visto. Un 'casting' patético, unos concursantes sin talento, y falta absoluta de calidad musical. Pero lo peor de todo son los miembros del jurado. Estos también son los más maleducados y están muy, muy sobrados. No enseñan nada, sólo ridiculizan, abusan del poder que les da su posición.

'Ser artista es la actitud. ¿Cómo has podido venir con bambas?', le dice Eva Perales, un miembro de ese jurado a una concursante que se ha presentado – ¡qué horror! – con zapatillas de deporte. Alguien debería escribir la verdadera historia de cómo se llega a ser un artista.

No deberíamos aguantar la corrupción moral, intelectual y sonora que estos concursos 'musicales' proporcionan al televidente.

www.elmundo.es

---

4 a Contesta a las preguntas.

i ¿La crítica es positiva o negativa?

ii ¿Con qué otro programa compara *Factor X*?

iii ¿Qué opina el crítico de los concursantes?

iv ¿Qué actitud tiene el jurado hacia los concursantes?

v ¿Por qué critica Eva Perales a uno de los concursantes?

vi ¿Cómo cree el autor que corrompen estos tipos de programas?

b Haz una crítica de un programa o serie que tú conozcas.

5 a 💡 Mira la programación y contesta a las preguntas para rellenar el cuadro. (hoja de trabajo)

b 💡 Discute la programación con un(a) compañero/a. (hoja de trabajo)

💡 Gramática

Adjectives

■ The following adjectives are placed before the noun and lose the final -*o* when the following noun is masculine singular:

algún/alguno/a
mal(o)/mala
ningún/ninguno/a
un(o)/una
primer(o)/primera
tercer(o)/tercera
Grande loses the final -*de* before a singular noun: *el gran hermano*

Expresiones claves

el avance
la cadena cable
la cadena de pago
el canal estatal
el canal interactivo
el canal privado
los caneles autonómicos
emitir
el satélite
TVE
el televidente
la televisión
el televisor

🔑 Estrategias

Summarise a text through its key points

■ When you first look at a text, scan through it looking out for key words.

■ Look out for cognates – words which are similar in English.

■ You might be able to guess a word's meaning from its context.

■ Make sure you spot negatives.

■ Try to identify positive and negative attitudes.

Lo bueno y lo malo de la tele

Vocabulario

adecuado *suitable*
apagar *to turn off*
el aprendizaje *learning*
los arquetipos *stereotypes*
hacer de canguro *to baby sit*
el comportamiento *behaviour*
desanimar *to discourage*
difundir *to transmit*
en aumento *on the increase*
fomentar *to promote*
la herramienta *tool*
impedir *to impede*
insoportable *unbearable*
la niñera *childminder*

1 💡 Haz las actividades.

2 a 💡🎧 Escucha a Nuria, Emilio, Arturo y Begoña que dan su opinión sobre la tele. Lee las frases siguientes y escribe V (verdadero), F (falso) o N (no se menciona).

i   Los padres no son culpables por la teleadicción de sus niños.

ii De vez en cuando los padres utilizan la televisión para distraer a sus hijos.

iii Es posible bloquear canales indeseables con nuevas tecnologías.

iv Si un niño no está realizando su potencial académico la tele puede ser un factor principal.

v   Los anuncios para comida sana suman un porcentaje mínimo de los que se emiten.

vi No hay ninguna relación entre la cantidad de tiempo que un niño ve la televisión y su salud.

b 💡🎧 Escucha otra vez: ¿quién dice qué? Escribe los nombres correctos.

Ejemplo: _____

i Emilio

_____

i   Los programas con contenido violento pueden afectar a los niños.

ii Los padres son responsables por la cantidad de televisión que ven sus hijos.

iii Hay una relación entre la agresión infantil y la televisión.

iv Los niños gordos suelen ver mucha televisión.

v   Es muy fácil entretener a los niños con la tele.

vi Los niños que pasan muchas horas viendo la tele a menudo no sacan buenas notas.

¿Qué pueden hacer los padres?

¿Qué pueden hacer los padres para ayudar a sus hijos a utilizar la televisión como una fuerza positiva?

• Necesitan limitar las horas de televisión que ven sus hijos a una o dos al día. Mirar la televisión es más bien una costumbre que un placer.

• Deben animar a sus hijos a participar en actividades alternativas tales como deportes, juegos, lecturas y conversaciones acompañándolos en estas actividades.

• Es importante imponer ciertas reglas básicas, tales como no ver la televisión durante las comidas o antes de terminar los deberes de la escuela.

- Hay que poner el televisor solamente para ciertos programas y debe apagarse al acabarse éstos. Es importante escoger programas adecuados para la edad de su niño.

- No debe utilizar la televisión como premio o castigo. Tales prácticas hacen que la televisión parezca aún más importante. ¡La tele no es una niñera electrónica!

- Deben sentarse a ver la televisión con ellos y hablar sobre los programas. Pueden ayudarles con temas difíciles tales como el sexo y la guerra.

- Los padres deben asegurar a sus hijos que la violencia vista en la televisión no es verdadera. También pueden mostrar su disgusto de los episodios violentos y afirmar que tal comportamiento no es la mejor manera de resolver un problema.

3 a 💡 Busca las palabras y las expresiones.

b Lee el artículo otra vez. Escribe unos apuntes *en inglés* sobre lo que deben y lo que no deben hacer los padres para controlar lo que ven sus hijos en la televisión.

4 💡🎧 Escucha y contesta a las preguntas.

5 a 💡 Trabajando con un(a) compañero/a, analiza los programas que veis durante una semana típica. (hoja de trabajo)

b 💡 Contesta al correo electrónico de Miguel. (hoja de trabajo)

Miguel, Arantxa, Federico, Pilar

Expresiones claves

(no) me parece …, (no) me resulta … genial/divertido/aburrido

a mi parecer …

a mi modo de ver …

yo opino que …

considero que …

en mi opinión …

para mí …

…(no) vale la pena verlo

…(no) está muy bien hecho

… es una idea muy/poco original

fomentar la agresividad/la violencia

difundir las ideas, la cultura, los valores positivos/negativos/educativos

debe apagar el televisor

necesita evitar la mala costumbre

tiene que escoger los programas

hay que comprender

hace falta buscar alternativas

lo bueno …/lo malo es …

💡 Gramática

Definite and indefinite articles

■ The definite article (*el, la los, las*) is used when the noun refers to a general group or to indicate something unique.

■ The definite article is not used before a country unless qualified by a phrase or an adjective.

■ The **indefinite** article (*un, una, unos, unas*) is not used with occupation or nationality.

■ In its plural form, *unos/unas* is often not translated at all, or translated by 'a few', 'some' or 'approximately'.

■ The **neuter** article *lo* is used with an adjective to form an abstract noun.

Estrategias

'Must', 'should, 'have to'

The idea of 'must', 'should' or 'have to' can be conveyed by a number of expressions:

■ *deber* + infinitive

■ *necesitar* + infinitive

■ *tener que* + infinitive

■ *hay que* + infinitive

■ *hace falta* + infinitive

Now you should be able to:

- ■ describe TV viewing habits and preferences, giving personal opinions about different types of programme
- ■ describe and discuss the range of channels and programmes, looking at their appeal and popularity
- ■ discuss the benefits and dangers of TV

Grammar

- ■ use the present tense
- ■ use verbs like *gustar*
- ■ use adjectives in their correct form and position
- ■ use definite and indefinite articles, including *lo*

Skills

- ■ use expressions of frequency to say how often you do something
- ■ summarise a text by identifying key points
- ■ discuss 'do's and don'ts', and advantages and disadvantages

💡 ¡Haz la prueba!

1 Lee la descripción y mira la foto: ¿qué tipo de programa es?

Los conflictos familiares fomentan las situaciones hilarantes. Los personajes constituyen una familia numerosa actual y urbana.

2 Escribe la definición de un culebrón.

3 Rellena los espacios con verbos apropiados.

Mi familia y yo, ¡somos todos teleadictos! Nos .... la caja tonta! A mis padres les .... las telenovelas, a mi hermano le .... los programas deportivos, pero yo .... los concursos.

4 Escribe una frase que tenga el mismo significado que la siguiente.

Rara vez veo los programas deportivos, pero de vez en cuando me gusta ver los concursos y veo películas con frecuencia.

5 Rellena los espacios con adjetivos apropiados.

En la .... serie del .... *Hermano* hubo un concursante que era un .... tonto. Sin embargo era un .... tipo y bastante .... y al fin y al cabo no tenía .... rival y ganó.

6 Rellena los espacios con la palabra apropiada. ¡Ojo! Puede haber espacios en los cuales no falta nada.

.... porcentaje de violencia en .... programas televisivos está en aumento. .... malo es que emiten programas violentos antes de .... nueve y .... niños ven programas que fomentan .... agresividad.

7 ¿A qué se refiere esta definición?

Son los canales que se especializan en lo que interese a la gente de su región, por ejemplo Telemadrid.

8 Escribe una frase que tenga el mismo significado que la siguiente.

Los padres no deben usar la televisión como una 'niñera electrónica' por lo tanto hay que tener un horario preestablecido para ver programas de televisión.

9 Completa la frase.

Si los niños ven demasiado la tele, los padres …

10 Completa la frase.

Lo bueno de la tele es que …

AQA Examiner's tips

Listening
Answer easy questions first and come back to harder sections.

Speaking
Think of examples to explain why you like/think something.

Reading
Read the whole text to understand its general meaning before you answer the questions.

Writing
Always draft a plan before you start to write your answer.

Los medios

2   La publicidad

By the end of this sub-topic you will be able to:

	Language	Grammar	Skills
A **¿Por qué se hace publicidad?**	▪ discuss the types and purposes of advertising	▪ use *por* and *para*	▪ recognise the significance of word endings
B **¿Cómo se hace publicidad efectiva?**	▪ describe and discuss advertising techniques	▪ use comparatives and superlatives ▪ make comparisons ▪ use demonstrative adjectives	▪ –
C **En pro y en contra de la publicidad**	▪ consider the benefits and drawbacks of advertising	▪ use *ser* and *estar*	▪ use appropriate language to persuade and convince

¿Lo sabías?

▪ Un estudio reciente concluye que los niños ven a diario alrededor de 100 anuncios.

▪ El 48% de la publicidad televisiva suele presentar productos de la alimentación.

▪ La mayoría de los productos de alimentación que propone la publicidad emitida durante programas infantiles son ricos en grasa, azúcar y sal.

▪ Hay un solo país de la Unión Europea donde está prohibida la publicidad televisiva dirigida a los niños menores de 12 años: es Suecia.

▪ La publicidad del tabaco está prohibida en España. Pero la publicidad de las bebidas alcohólicas se permite hasta en los espacios publicitarios en la televisión.

Actividad preliminar

La publicidad

1 **Empareja las preguntas (1–8) con las respuestas (a–h).**

1 ¿Dónde se encuentra la publicidad?

2 ¿Qué adjetivos usarías para describir la publicidad?

3 ¿Cuáles son los ingredientes de la publicidad efectiva?

4 ¿Cómo influye la publicidad?

5 ¿Para qué sirve la publicidad?

6 ¿Cuándo te molesta la publicidad?

7 ¿Qué tipos de personas sueles ver en los anuncios?

8 Piensa en dos anuncios que viste en la tele anoche. ¿Qué productos presentaban?

a las imágenes, la originalidad, el humor, la repetición

b en la televisión, en la radio, en los periódicos

c nos hace comprar ciertos productos, los niños quieren juguetes y comida que han visto en los anuncios

d los famosos, las mujeres jóvenes

e para vender productos, para informar

f cuando se repite el mismo anuncio, cuando se recibe publicidad no solicitada o 'spam'

g una marca de coches, un detergente, un champú, …

h buena, mala, efectiva, orginal, genial

A ¿Por qué se hace publicidad?

Vocabulario

la campana *bell*
conformar *to shape*
el cuerno *horn*
destacar *to stand out*
el dueño *owner*
la imprenta *printing press*
la marquesina *bus shelter*
el pregonero *town crier*
realizar *to carry out*
rentable *profitable*
la tablilla *small board*
trastocar *to invert*
la valla *hoarding, billboard*
de viva voz *aloud*
vincular *to link*
vocear *to shout to all and sundry*

1 Discute con tus compañeros los tipos de publicidad y los lugares donde se encuentran.

2 a 💡 ¿Qué tipos de publicidad hay? Y ¿dónde se ven?

Cinco mil años de publicidad tiene mucha historia

La publicidad existe desde los orígenes de la civilización. En Babilonia se encontró una tablilla con inscripciones para un comerciante de perfumes, un escribano y un zapatero que data del 3000 a.C. Una frase encontrada en un papiro egipcio se considera como el primer anuncio. Hacia 1821 se descubrió en las ruinas de Pompeya una gran variedad de anuncios de estilo graffiti para vendedores de vino, panaderos, joyeros, entre otros.

En Roma y Grecia se inició el perfeccionamiento del pregonero, quien hacía anuncios de viva voz al público, acompañado por músicos. Esta forma de publicidad continuó hasta la Edad Media. En España, los dueños de las tabernas voceaban los vinos y empleaban campanas y cuernos para atraer a la clientela.

El invento de la imprenta en Alemania a mediados del siglo XV permitió la difusión más extensa de los mensajes publicitarios.

La publicidad moderna comenzó a evolucionar en Estados Unidos y Gran Bretaña a finales del siglo XVIII durante la revolución industrial. El primer agente publicitario se inauguró en 1841 en Filadelfia. En los años 30 nació una famosa técnica creativa: el brainstorming que desde los años 60 se ha usado extensivamente en el proceso creativo.

Después de la Segunda Guerra Mundial se ha empezado a vincular la publicidad con los estudios de mercado.

http://es.Wikipedia.org

b Lee el artículo y contesta a las preguntas.

   i   ¿Quiénes se anunciaban en la tablilla babilónica?

   ii ¿En qué se encontró el primer anuncio?

   iii ¿De qué tipo eran los anuncios de Pompeya?

   iv ¿Cómo anunciaban los pregoneros romanos y griegos?

   v   ¿Cómo atraían a los clientes los taberneros en la España medieval?

   vi ¿Cuándo se evolucionó la publicidad moderna?

   vii ¿Qué se inventó en los años 30?

   viii ¿Con qué se vincula la publicidad desde la Segunda Guerra Mundial?

3 💡🎧 ¿Qué dice Lidia?

4 a Con tu compañero/a discute qué tipos de publicidad son más comunes para hacer publicidad para algunos de los siguientes productos.

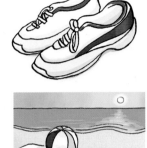

un coche pequeño	unas zapatillas de deporte
un champú	unos cereales	una cerveza	unas vacaciones
una película	una aspiradora

b 🔲 Haz una discusión con tu pareja sobre las maneras más efectivas de hacer publicidad para una serie de productos. (hoja de trabajo)

c Haz una lista de los tipos de publicidad que se ven y se oyen

- en tu casa
- en tu barrio
- en tu centro comercial

d 🔲 Analiza los tipos de publicidad y los medios que se usan. Escribe unas 200 a 250 palabras. (hoja de trabajo)

5 ¿Qué ventajas tiene la publicidad por internet sobre la publicidad televisiva o viceversa? Escribe un párrafo de 200 a 250 palabras.

Considera los siguientes puntos para ayudarte:

- ¿De qué manera atrae/aburre al consumidor la publicidad?
- ¿Qué elementos usa el medio para comunicar su mensaje?
- ¿Por qué son eficaces esos medios?

Expresiones claves

Tipos de publicidad
… no solicitada
… televisiva
… radiofónica
… en prensa y revistas
… exterior o vía pública
… en punto de venta

Las maneras de hacer publicidad
… los boletines informativos
… el correo electrónico
… la mensajería instantánea celular
… los carteles
… los pósteres
… los letreros luminosos
… los espacios/los spots publicitarios
… los anuncios
… los folletos
… los regalos publicitarios
… las prendas y artículos de marca
… el marketing telefónico

💡 Gramática

Using *por* and *para*

Por and *para* are often confused but they have different meanings.

- *Para* means 'in order to' and 'for' with a sense of purpose or destination.
- *Por* means 'along' or 'through' and 'via'.
- *Por* is also used in the context of getting around.
- *Por* also means 'on behalf of', 'in favour of', 'instead of'.

🗝 Estrategias

Endings are important!

- Spanish nouns ending in *-dad* often end in '-ity' in English.
- Spanish nouns ending in *-aje, -ancia* or *-encia* often have similar English equivalents ending in '-age', '-ance', or '-ence'.
- Spanish nouns ending in *-ería* or *-aría* often have '-ery'/'-ary' equivalents in English.
- Spanish adverbs ending in *-mente* often have similar English equivalents ending in '-ly'.

¿Cómo se hace publicidad efectiva?

Adjetivos claves

auténtico *authentic, real*

de gama alta *top quality*

de moda *fashionable*

emocionante *exciting*

engañoso *misleading*

genial *brilliant, clever*

imprescindible *essential, indispensable*

llamativo *noticeable*

sencillo *simple*

Otro vocabulario

aprovechar *to take advantage of, make the most of*

el ensayo *trial or test*

representarse *to be shown, to appear*

la temporada *the time of year, the season*

1 Busca en la lista de Expresiones claves los equivalentes de las siguientes expresiones en inglés.

i   brand loyalty

ii USP (unique sales point)

iii the target market

iv to make the most of the opportunity

v   to put forward a definite idea

vi the message is in the image

2 ## Los prototipos sociales

La publicidad utiliza prototipos sociales. Los principales tipos sociales que aparecen en los anuncios son:

A .... Este prototipo representa a las personas a las que se dirige una buena parte de la publicidad por ser la compradora de muchos de los productos.

B .... Este prototipo puede ser joven o viejo, hombre o mujer y suele representarse con gafas.

C .... Este prototipo suele ser hombre, relativamente joven, de alta categoría social y muy activo. Aparece frecuentemente en anuncios de productos 'de gama alta'.

D .... Los anuncios con este prototipo tratan de asociar el éxito del protagonista y el del producto.

E .... Este prototipo son personas que aparecen anunciando productos infantiles o de adultos. En el primer caso los compradores no son necesariamente los usuarios del producto anunciado. En el segundo, los niños suelen ser el reclamo de compra para determinados productos destinados a los padres.

Adaptado de http://es.Wikipedia.org

Lee el texto y elige el prototipo social para cada descripción.

Por ejemplo: _____

A ii

_____

i   el deportista

ii el ama de casa

iii los niños

iv el triunfador

v   el intelectual

3 Algunas estrategias para la realización de una publicidad efectiva son las siguientes.

Asociación psico-emotiva al consumidor por medio de: estética (imágenes, música, personas, etc); humor; sentimientos (amor materno, enamoramiento, etc).

Testimoniales: de unas figuras o personas famosas o reconocidas de forma positiva.

Demostración: Pruebas, tests, ensayos.

Oportunidad: El mensaje debería aprovechar el momento.

Frecuencia: El consumidor comienza a retener un mensaje cuando éste es repetitivo.

Sinceridad: El fraude produce frustración en el consumidor.

Propuesta única de venta: Todo anuncio debe hacer una proposición concreta al consumidor. La proposición debe distinguirse de la competencia. Debe ser tan atractiva que influya sobre la totalidad del mercado meta del producto.

Adaptado de http://es.Wikipedia.org

a ¿Qué estrategias se usarían para la publicidad de los siguientes productos?

b Piensa en tres anuncios que te han impresionado. Escribe un párrafo para analizar por qué cada anuncio te ha influido.

- ¿Cómo es? Elige adjetivos del vocabulario para cada anuncio.
- ¿Qué estrategias se usan?

4 a ¿Son eficaces las estrategias?

b ¿Qué estrategia es más eficaz? ¿Por qué? (hoja de trabajo)

5 a Escucha la entrevista y contesta a las siguientes preguntas.

i ¿Qué porcentaje de mujeres se sienten bellas?
ii ¿Los que hacen publicidad están cambiando su estrategia o no?
iii ¿Qué se dice sobre las mujeres de 60 años?
iv ¿La entrevistada cree o no que la importancia de los estereotipos va a reducirse?
v ¿Qué tipo de personas se ven en la nueva campaña de una marca de ropa y zapatillas de deporte?
vi ¿Ha tenido éxito esa campaña?

b Busca unos anuncios en la prensa o en la Red y prepara un análisis. (hoja de trabajo)

Gramática

Comparing this and that

- To make comparatives use *más* + adjective/adverb or *menos* + adjective/adverb.
- To compare two things which are equal, use *tan* + adjective/adverb + *como*.
- To make superlatives, use the **definite article** + *más* + **adjective**.
- Remember that some comparative forms are irregular: *buen/bueno(mejor), mal/malo (peor), grande (mayor).*

C   En pro y en contra de la publicidad

Vocabulario

aconsejar *to advise*

el automovilismo *motor racing*

la barrera *line, border*

borroso *vague, indistinct*

las carreras de motos *motorbike races*

el cinturón de seguridad *seat belt*

denunciar *to criticise*

el envase *container*

matar *to kill*

el mono *racing driver's or motorcyclist's suit*

las pancartas *hoardings*

protagonizar *to represent*

quitar *to take away*

la razón *reason*

subrayar *to underline, highlight*

tirar a la basura *to throw away*

Fernando Alonso, piloto de Fórmula 1

1 Arrastra las frases a las columnas apropiadas.

2 a 💡🎧 Escucha la entrevista y apunta las expresiones que se usan para:

  i responsible advertising
  ii It changes the way you think.
  iii which has caught your attention
  iv there should be limits
  v The driver doesn't drink.
  vi is worthwhile remembering
  vii it's forbidden to advertise tobacco
  viii People become more aware of important issues.

  b 💡🎧 La publicidad responsable – escucha y haz las actividades.

🔍 Buscar

Inicio | Índice | Sitemap | Ayuda | Versión texto

Un tercio de la publicidad del alcohol se dirige a los jóvenes

La publicidad del alcohol busca directamente a los más jóvenes y les incita al consumo. Un extenso estudio encargado por el Ministerio de Sanidad, hecho público ayer, denuncia que el 28% de los espots televisivos sobre bebidas alcohólicas y el 50% de los radiofónicos están dirigidos explícitamente a los adolescentes y a los jóvenes. El resto de esta publicidad, aunque no lo haga tan directamente, también se inserta en programas que habitualmente son seguidos por este público.

'La publicidad es una fomentadora importante del consumo, y no sólo porque lo hace más atractivo, sino porque, además, disminuye la percepción del riesgo', subrayó Ana Torrens, jefa de la Unidad de Toxicomanías del Hospital del Mar de Barcelona y coordinadora del estudio.

La comisión interdisciplinar que ha estudiado el problema también ha llegado a la conclusión de que en todos los anuncios se ofrece una imagen positiva del consumo del alcohol y que en prácticamente todos los casos se encuentra además asociado o con la mejora del rendimiento físico o con el éxito social y/o sexual. Asimismo, el 37,3% de los espots televisivos y el 54,4% de los radiofónicos están protagonizados por jóvenes, en esa edad 'donde la barrera entre la adolescencia y la mayoría de edad es bastante borrosa'.

Los autores llaman la atención sobre el hecho de que el 22,7% de los programas de televisión con actividades deportivas, culturales o sociales dirigidas a la población adolescente están patrocinados por bebidas alcohólicas.

Adaptado de El Periódico de Zaragoza

3 a Lee el texto y contesta a las preguntas.

    i   ¿A quiénes se dirige la mitad de la publicidad del alcohol?

    ii   ¿Por qué aumenta el consumo del alcohol la publicidad?

    iii ¿Con qué se asocia el consumo del alcohol en casi toda la publicidad de bebidas alcohólicas?

    iv ¿Qué edad tiene más del tercio de los actores y modelos que salen en los espacios publicitarios del alcohol?

    v   ¿Por qué les preocupa a los autores que casi un cuarto de los programas deportivos, culturales o sociales están patrocinados por bebidas alcohólicas?

  b 💡 ¿Cómo busca la publicidad a los jóvenes?

4 a 💡 ¿Qué opináis de las restricciones? (hoja de trabajo)

  b Elige como tema, entre el tabaco o las bebidas alcohólicas. Escribe sobre:

- a quién se dirige la publicidad para este producto
- qué estrategias se emplean en la publicidad
- qué restricciones hay
- si estás de acuerdo con estos límites y por qué

  c 💡 Escribe un anuncio. (hoja de trabajo)

Las Autoridades Sanitarias advierten
FUMAR PUEDE MATAR

💡 Gramática

Ser **and** *estar*

Ser

On its own, **ser** describes identity and existence.

We also use **ser**

▪ with a pronoun or noun

▪ with adjectives of nationality

▪ with an adjective that describes an unchanging attribute or an abstract idea.

Estar

On its own, **estar** denotes location or presence.

We also use **estar**

▪ to describe position

▪ with a past participle to describe a state which is the result of an action

▪ with a present participle to form continuous tenses

▪ with an adjective to describe a state which might change.

🔖 Estrategias

Using appropriate language to persuade and convince

Advertisers are experts in persuasive language. Here are some of the strategies they use which you could also use in your writing.

▪ Comparatives and superlatives: *'Cada sábado, con El Periódico, la mejor guía de televisión.'*

▪ Intensifiers such as *más, menos, muy, bastante, poco, mucho*: *'Ahora Refresco Verde te llega con más fruta.'*

▪ Rhetorical questions: *'¿Por qué no lo pruebas ahora?'*

▪ Imperatives: *'Ven a Movistar y llévate este Nokia 3G por 0 euros.'*

Now you should be able to:

■ discuss the types and purposes of advertising

■ describe and discuss advertising techniques

■ consider the benefits and drawbacks of advertising

Grammar

■ use *por* and *para*

■ use comparatives and superlatives

■ make comparisons

■ use demonstrative adjectives

■ use *ser* and *estar*

Skills

■ recognise the significance of word endings

■ –

■ use appropriate language to persuade and convince

💡 ¡Haz la prueba!

1 Completa las frases con 'por' o 'para'.

Está prohibido el patrocinio de programas de televisión .... compañías que producen o venden tabaco. La publicidad .... el tabaco, tanto en los coches como en las pancartas en las carreras de Fórmula 1, también está prohibida.

2 Reemplaza la palabra subrayada con una palabra sinónima.

El uso de las pruebas y los testimoniales es una de las estrategias de la publicidad.

3 Completa la definición.

La persona a quien se dirige un producto es ....

4 Completa la definición.

La propuesta única de venta es ....

5 ¿Qué expresión se usa para ...?

La meta de las campañas publicitarias para hacer que una marca sea tan conocida por los consumidores que se cree la costumbre de comprarla en vez de elegir productos de otras marcas.

6 Contesta a la pregunta.

¿Qué estereotipos se presentan frecuentemente en la publicidad?

7 Contesta a la pregunta.

¿Qué estereotipos publicitarios pueden influir en el desarrollo psicológico de los adolescentes?

8 Contesta a la pregunta.

En la publicidad, se suele asociar las bebidas alcohólicas con un mayor rendimiento físico, social o sexual, ¿Por qué puede resultar engañosa e incluso peligrosa esta táctica?

9 Completa las frases con comparativos o superlativos apropiados de 'bueno' o de 'malo'.

Creo que es .... que haya publicidad en periódicos o revistas porque si no te interesa, no la lees. Son ...., y me molestan más los espacios publicitarios en la televisión pero lo .... de todo es la publicidad no solicitada que te llega por correo o en internet. Molesta mucho y es imposible de evitar.

10 Completa las frases con la forma apropiada de 'ser' o 'estar'.

Ahora todo el mundo sabe que fumar .... perjudicial para la salud pero no .... siempre así. Hace veinte años, ... completamente normal ver anuncios para tabaco en la televisión y en el cine.

Si .... recientemente en algún evento deportivo habrás notado que las marcas de tabaco ya no .... ni en las vallas y pancartas, ni en la ropa de los deportistas. Todo .... cambiando.

AQA Examiner's tips

Listening
Re-read your answers. Do they make sense? Could you improve them?

Use a separate piece of paper for rough work.

Speaking
Study both cards briefly and choose the one you will have most to talk about.

If you're asked for 'reasons why', offer several different points.

Reading
Illustrations around the text might help you understand the content.

Beware of false friends, i.e. words that look deceptively like an English word in form, but are very different in meaning: *simpático* – 'nice, kind', *actual* – 'current; present'.

Writing
Prepare topic-specific vocabulary cards to help with revision.

Make sure you answer the question in the tense in which it was asked.

Los medios

3 Las tecnologías de la comunicación

By the end of this sub-topic you will be able to:

	Language	Grammar	Skills
A **¿Para qué se utiliza internet?**	■ talk about how you and others use the internet, giving details about access, frequency and purpose	■ use the present tense of regular and irregular verbs ■ use *se* with the third person for impersonal and passive statements	■ ask and answer questions ■ add detail to answers
B **Los riesgos y los peligros de la Red**	■ describe and discuss the risks and dangers of the internet ■ consider strategies for avoiding the dangers ■ assess the advantages and disadvantages of the internet	■ use interrogative pronouns ■ use *deber, tener que* and *hay que* + infinitive ■ use *lo* + adjective	■ ask different kinds of questions
C **La tecnología nos cambia la vida**	■ describe and discuss personal communication technologies and developments	■ use disjunctive (or emphatic) pronouns ■ use the present or *ir a* + infinitive to talk about the immediate future ■ use the future tense	■ –

¿Lo sabías?

1 ¿Cuántas personas hay en el mundo que hablan español como primera lengua?
a 110 millones
b 295 millones
c 392 millones

2 ¿En cuántos países del mundo se encuentra el internet en español?
a 24
b 15
c 7

3 ¿Cuántos hispanohablantes hay en EE.UU. (Estados Unidos)?
a 10.5 millones
b 22.25 millones
c 28.1 millones

4 El inglés domina el internet con el 45% de las páginas en inglés. ¿Qué porcentaje crees que hay en español?
a más del 30%
b más del 15%
c menos del 6%

Respuestas: 1c, 2a, 3c, 4c

Actividad preliminar

¿Eres un internauta o un ciber marginado?

¿Cuántas de las siguientes palabras reconoces? Compara tus ideas con las de un(a) compañero/a de clase.

- el usuario/los usuarios de internet
- el correo electrónico
- banda ancha
- el buscador
- la seguridad de información
- conectarse
- la conexión
- el ciberespacio
- wi-fi (la tecnología inalámbrica)

¿Para qué se utiliza internet?

Vocabulario

banda ancha *broadband*
central *main, principal*
crecer *to increase, grow*
inalámbrico *wireless, cordless*
el móvil *mobile phone*
el ordenador portátil *laptop*
recibir/revisar/mandar correo electrónico y mensajes *to receive/ check/send email and messages*
el usuario *user*

1 Haz una encuesta en clase. Contesta a las preguntas.

i ¿Tienes conexión de internet en casa? ¿Y banda ancha?

ii ¿Sueles conectarte a la Red en el centro de estudios?

iii ¿Te conectas a la Red en un café de internet o en otro lugar?

Internet en cifras

16,5 millones = el número de usuarios de internet en España, lo que representa el 44% de la población.

El 36% = el mayor grupo de usuarios españoles. Estos internautas son mayoritariamente hombres y usan el internet en su trabajo profesional.

El 29% = los usuarios que se conectan al internet en casa. Más de la mitad de este sector cuenta con banda ancha, ha crecido más en mujeres que en hombres y las edades centrales son de 35 a 49 años.

El 16% = los usuarios jóvenes. Estos internautas son más jovenes que la media y muchos son estudiantes. Se conectan a la Red desde el centro de estudios. Se observa que éste es el grupo que tiene más videoconsolas, cuenta con teléfono móvil y ordenador portátil y el 50% tiene conexión al internet en casa.

En cuanto al uso que los españoles hacen de internet, se nota que el correo electrónico es lo más importante. Un total de 66% de usuarios lo utiliza con frecuencia. Después vienen los buscadores, la consulta de noticias y el uso de la Red como una ayuda para el estudio.

www.red.es

2 a ¿Cómo se expresan las siguientes frases en español en el texto?

i These users are mainly men and they use the Internet in their work.

ii More than half of this sector has Broadband.

iii These users are younger than the average.

iv They use the Internet at their school or college.

v This sector owns more video consoles, mobiles and PCs.

b 💡 Lee el texto y contesta a las preguntas.

3 a 💡🎧 Escucha las entrevistas y haz las actividades.

b 💡🎧 Escucha las entrevistas otra vez y contesta a las preguntas.

i ¿Cuántos de los entrevistados usan internet regularmente?

ii ¿Con qué frecuencia se conectan a la Red?

iii ¿Para qué usan internet?

iv Dicen que usar internet les ahorra tiempo y dinero, pero ¿cómo?

c 🔲🎧 Escucha otra vez y escribe un párrafo que resuma los usos y beneficios de internet que se mencionan. Puedes utilizar las expresiones siguientes:

primero	en primer lugar	en segundo lugar	también
	además	finalmente	por último

4 a Con tu pareja, pregunta y contesta:

_____

A Si quieres saber qué películas se ponen en el cine, ¿qué haces?

B Busco la información en internet o en el periódico, ¿y tú?

A ...

_____

Si quieres saber ...	... a qué hora empieza el partido de fútbol ... los resultados de los partidos de fútbol, o otros deportes ... cómo llegar a un lugar ... a qué hora se abre una tienda, un museo, una piscina ... los horarios de los trenes ... las noticias ... dónde comprar algo y al mejor precio ... información para los deberes ... qué está haciendo un amigo/una amiga durante su año sabático ... a qué hora llegará a casa tu madre/padre/hermana	Busco la información en internet. Leo el periódico o una revista. Voy a la biblioteca. Llamo por teléfono. Escucho la radio. Veo la tele. Mando un mensaje a su móvil. Hablo por internet. Leo su diario personal en internet. Visito su espacio personal.

b 🔲 Haz una discusión con un(a) compañero/a. (hoja de trabajo)

c 🔲 Escribe un correo electrónico. (hoja de trabajo)

d En equipos o parejas, escribe definiciones para el vocabulario asociado con internet. Después, haz un concurso de vocabulario en clase.

Ejemplos: _____

un ordenador que se puede llevar (un ordenador portátil)

no se necesitan si tienes tecnología inalámbrica (cables)

una nueva realidad creada por los ordenadores y la Red (el ciberespacio)

_____

◢ Estrategias

Asking and answering questions

■ Words such as *generalmente, por lo general* and *normalmente* are useful for asking and answering questions about habitual or regular activities.

■ Use **interrogatives** to ask for specific information.

■ Add **detail** and give **reasons** and **examples when** you state opinions.

Expresiones claves

Usos de internet

recibir/mirar/mandar correo electrónico

leer las noticias

navegar en la Red para buscar información

hacer los deberes o los estudios

escribir o leer un diario personal (un blog)

colgar fotos o noticias en tu espacio personal

visitar el espacio personal de los amigos

ver vídeos colgados en la Red

hablar (o 'chatear') con amigos por internet

planear viajes y comprar billetes de autobús, tren o avión

comprar entradas de cine, teatro, conciertos etc.

hacer compras de ropa, música, juegos etc.

jugar juegos electrónicos

💡 Gramática

The present tense: irregular and stem-changing verbs

■ Some verbs are irregular in the present tense or have irregular 1st person forms.

■ Some verbs change *o* to *ue* in the present tense (but 1st and 2nd person plural don't change).

Using *se* for impersonal statements

■ The pronoun *se* and the third person of the verb can be used for impersonal and passive statements, ie when we don't state who is the subject of the verb.

1 💡 Pon los riesgos con los títulos apropiados.

2 a 💡 Lee el texto 'Los peligros para los jóvenes' y contesta a las preguntas.

b 💡🎧 Escucha y apunta los aspectos negativos de la Red en el orden que se mencionan.

i   Correo electrónico no solicitado (correo basura).

ii Acceso a datos personales con la intención de fraude y robo.

iii Daño físico o emocional como resultado de citarse con desconocidos.

iv Material inapropiado o ofensivo en las páginas web.

c 💡🎧 Escucha otra vez y contesta a las preguntas.

i   ¿Qué es una 'estafa'?

ii ¿Por qué puede ser peligroso el correo basura?

iii ¿Qué ejemplos se mencionan de contenido inapropiado o ofensivo en la Red?

iv ¿Qué consejos se dan para proteger a los niños de contenido inapropiado?

v   ¿Los dos jóvenes entrevistados están a favor de citarse por internet? ¿Por qué?/¿Por qué no?

3 💡🎧 ¿Qué se sugiere como soluciones?

Los Peligros de Internet

Aunque día a día se revelan nuevos beneficios de internet, los efectos negativos también están presentes. ¿Cuáles son? A nivel emocional, aunque internet crea amistades a veces también las rompe. Aquellos que podrían ser considerados 'adictos', además de abandonar a sus amigos del 'mundo real', a veces ignoran a su familia.

También puede acarrear muchos problemas físicos como los dolores de espalda, obesidad por la falta de ejercicio o trastornos del sueño. En casos extremos puede provocar la pérdida del puesto de trabajo por una bajada drástica en la productividad.

Se cree que la Red podría reducir nuestra capacidad para relacionarnos con los demás. Los usuarios, acostumbrados al anonimato del ciberespacio, no pueden mantener relaciones cara a cara. Esta idea contrasta con un estudio realizado en Berlín, donde se afirma que los navegantes de internet suelen ser más sociables y estar mejor integrados.

¿La 'adicción' a internet existe como tal? Los centros, páginas web y psicólogos que ofrecen ayuda son cada vez más. Tests para identificar el nivel de adicción, grupos de ayuda 'on-line' o consejos sobre el trastorno, son algunas de las soluciones que se ofrecen – irónicamente – en la web.

Vocabulario

acarrear *to give rise to, bring*

el acoso escolar *bullying*

la amenaza *threat*

el correo basura *junk mail, spam*

la cuenta bancaria *bank account*

el desconocido *stranger*

engañar *to cheat*

la estafa *con, fraud*

el extraño *stranger*

el fin *purpose, aim*

solicitar *to request*

Como todo lo relacionado con la nueva tecnología, la adicción a internet es un concepto difícil de entender con la cantidad de opiniones y factores implicados. Sin embargo, después de analizar todas las opiniones sobre el tema, es que lo fundamental es 'navegar' con prudencia y de forma inteligente.

www.elmundo.es

> ### Expresiones claves
> aprovecharse de
> el derecho a la intimidad
> explotar
> nocivo
> ofender
> los peligros y los riesgos
> perjudicar
> la piratería informática

4 **a** Busca en el texto las frases o palabras equivalentes a las siguientes.

  i   sleep problems

  ii   a dramatic decline

  iii our ability to relate to others

  iv   used to the anonymity of cyberspace

  v   face to face

  vi   are usually more sociable

  vii help groups

  viii advice about the disorder

  ix   as with everything connected with new technology

  x   the main thing is to surf with caution

b 💡 ¿Eres adicto a internet? (hoja de trabajo)

c Escribe una lista de consejos para los padres con respecto al uso de internet por los niños. Emplea las siguientes frases en tu lista.

- Hay que …
- Se debe …/No se debe …
- Es importante …
- Es recomendable …/No es recomendable
- tener mucho cuidado
- tener en cuenta

- citarse con desconocidos
- dar sus datos personales
- bloquear
- el contenido inapropiado
- sitios web seguros
- poner límites

5 Haz el resumen del artículo 'Los Peligros de Internet'. No escribas más de 100 palabras.

💡 Gramática

Lo + adjective

Lo + adjective is equivalent to 'the … thing', 'the … aspect': *Lo fundamental es navegar con prudencia.* The most important thing is to surf (the internet) with caution.

The adjective in this situation is always masculine and singular.

📷 Estrategias

More on asking and answering questions

There are different kinds of questions – questions which need a yes/no answer and questions asking for wider information.

- ▪ Questions which need a yes/no answer usually start with the verb and need a rising intonation to differentiate them from a statement.
- ▪ Questions asking for wider information often start with interrogative words – *dónde, cuándo, cuánto, cuál* etc.

C La tecnología nos cambia la vida

Vocabulario

el almacenamiento *storage*

cómodo *convenenient, easy*

el crecimiento, crecer *growth, to grow*

dotar *to equip*

el/la emisor(a) *broadcaster*

imprescindible *indispensable, vital*

de inmediato *immediately*

ubicarse *to appear, to be placed*

una utilidad *a benefit, a help*

1 Encuéstate. Contesta a las preguntas con 'Sí, a veces.', 'Raras veces', o 'No, nunca.'

- ¿Sales de casa sin tu móvil?
- ¿En casa usas el teléfono fijo o tu móvil para hablar con tus amigos?
- ¿Dejas el móvil y el MP3 en casa cuando vas de vacaciones?
- ¿Llamas de vez en cuando desde un teléfono público?
- ¿Pasas todo un día sin mirar tu correo electrónico?
- ¿Abandonas los deberes cuando no funciona tu conexión a internet?

2 💡 Lee el texto y haz las actividades.

3 El ordenador servía para trabajar y a partir de ahora servirá para vivir. Será un coordinador de terminales cuyo elemento esencial será el teléfono móvil.

En el futuro, el papel será unicamente un requisito romántico, pues todos los documentos podrán ser compartidos o enviados en tiempo real y se leerán en pantalla. Cada usuario podrá ser una editorial o una emisora de televisión.

Los gigabites se transformarán en terabites, con lo que habrá capacidad de almacenamiento de datos para guardar las conversaciones grabadas de toda una vida.

Entre tanto avance, sin embargo, habrá cosas irresolubles, como el spam, que seguirá inundando de basura las direcciones electrónicas.

En el mundo hay más posibilidades de crecimiento para móviles que para PC, y en muchos países carentes de buenas redes de telefonía fija, el primer teléfono y el primer ordenador o el primer acceso a internet para muchas personas será un móvil.

En la casa del futuro los pósters y los cuadros desaparecen. La decoración se vuelve digital. En las paredes de la casa futura se alternarán fotos personales o reproducciones de obras de arte, y los cuentos sonarán y se proyectarán al leerlos.

En la oficina del futuro, excepto para ir al baño, no hará falta levantarse para nada. y en las reuniones la sala estará dotada de cámaras que enfocan a quien toma la palabra y dan una panorámica general.

Adaptado de La Vanguardia Magazine

a Lee el texto y contesta a las preguntas.

   i   ¿Qué diferencia esencial habrá entre los ordenadores del pasado y los del futuro?
   ii   ¿Será importante el móvil?
   iii ¿Desaparecerá el papel de las oficinas? ¿Cómo se leerán los documentos?
   iv   ¿Cómo será posible almacenar más datos?
   v   ¿Qué problema electrónico existirá todavía?
   vi   ¿Cuál será el aparato tecnológico más importante en el futuro, el ordenador o el móvil?
   vii ¿Cómo cambiarán las decoraciones en la casa del futuro?
   viii ¿En la oficina del futuro, qué se verá por las cámaras durante los reuniones?

b 🔦🎬 Mira el vídeo y haz las actividades.

4 a Trabajando en pareja, prepara los puntos claves para una discusión sobre la tecnología de la comunicación con respecto a la vida social, los estudios y la rutina diaria.
Haz dos listas:

   • lo positivo de la tecnología
   • lo negativo de la tecnología

b 🔦 Preparad y haced la discusión juntos. (hoja de trabajo)

c 🔦 Preguntas y respuestas – haz la actividad. (hoja de trabajo)

d ¿Es imprescindible para ti la tecnología? ¿ El ordenador, la Red, el móvil, el MP3, el mensajero instantáneo, material descargable, la televisión por satélite?
Escribe sobre qué usarás esta semana y para qué.

e ¿Para qué se usará la tecnología de la comunicación de aquí en 5 años? Elige un contexto – el instituto, la casa, la oficina o los viajes – y escribe sobre el futuro con respecto a los avances tecnológicos.

Expresiones claves

estar en línea
la barra de tareas
descargar algo desde internet
la dirección de correo electrónico
escribir tu contraseña
guardar algo en el disco duro
instalar un programa
intercambiar ficheros
la lista de contactos
responder al remitente
unirse a un chat

💡 Gramática

Disjunctive (or emphatic) pronouns

- There is a set of pronouns in Spanish that are used to add emphasis.
- They are also needed after prepositions (eg. *por, para, de, en* etc.).
- The pronouns are not very different from ones you already know: *mí, ti, usted, él, ella, nosotros, vosotros, ustedes, ellos, ellas*.
- *Mí* and *él* have accents to distinguish them from the possessive adjective *mi* and the article *el*.

Talking about the future

- To talk about the near future, you can use *ir a* + an infinitive, but the present tense is also often used.
- When the future tense is used, the tone is more formal.

Now you should be able to:

- talk about how you and others use the internet, giving details about access, frequency and purpose
- describe and discuss the risks and dangers of the internet
- consider strategies for avoiding the dangers
- assess the advantages and disadvantages of the internet
- describe and discuss personal communication technologies and developments

Grammar

- use the present tense of regular and irregular verbs
- use *se* with the third person for impersonal and passive statements
- use interrogative pronouns
- use *deber que, tener que* and *hay que* + infinitive
- use *lo* + adjective
- use emphatic pronouns
- use the present or *ir a* + infinitive to talk about the immediate future
- use the future tense

Skills

- ask and answer questions
- add detail to answers
- ask different kinds of questions
- –

¡Haz la prueba!

1 Completa las frases con los verbos apropiados, empleando la tercera persona con *se*.

conectar, descargar, poder, presentar, ver

Los mensajeros instantáneos .... como una alternativa muy práctica. Primero .... el programa desde internet. Luego, cuando .... a la Red y .... que el amigo o la amiga también está en línea, ... comunicar directamente.

2 Completa las preguntas con las palabras interrogativas apropiadas.

¿ .... veces al día miras tu correo electrónico?

¿ .... prefieres mandar mensajes en vez de hablar en tu móvil?

¿ .... sirven los espacios personales en la Red?

¿ .... sueles conectarte a la Red, en casa o en el colegio?

3 Completa las frases empleando los verbos indicados.

En los diarios personales en la Red .... textos y fotos. (colgarse)

Hoy día muchos hoteles .... con conexión a internet en todas las habitaciones, (contar)

Los estudiantes, en su mayoría, ... conectarse a la Red en el centro de estudios. (soler)

Aunque .... con ser rico, no debes abrir los correos electrónicos que te prometen premios y dinero. (soñar)

4 Escribe los pronombres apropiados en los espacios.

Gracias al móvil y al correo electrónico, tus amigos pueden ponerse en contacto .... en cualquier momento.

Si quieres ir al cine .... mañana, por favor, mándame un mensaje.

¡Qué curioso! José me llamó justo cuando estaba pensando en ....

¿Cuál ha sido, para ...., el mejor momento de tu vida?

5 ¿Qué expresión se usa para ... ?

El correo electrónico no solicitado.

6 ¿Qué expresión se usa para ...?

El acceso fraudulento a los ordenadores o a las redes con el motivo de robo de dinero y de información.

7 ¿Qué tipo de material nocivo, peligroso o perjudicial se encuentra en internet?

8 Completa la frase.

Si no tienes que usar cables para tener acceso a la Red, quiere decir que tienes ...

9 Completa la frase.

Si no puedes vivir sin el móvil, el MP3 o el correo electrónico, dirías que estas cosas te son ...

10 Completa la frase.

Para proteger a los hijos cuando navegan por la Red, los padres pueden ...

La cultura de todos los días

4 El cine

By the end of this sub-topic you will be able to:

	Language	Grammar	Skills
A **¿Qué tipo de película te gusta más?**	■ discuss types of film and your own and others' preferences	■ use demonstrative adjectives and pronouns	■ use verbal expressions such as *me gusta, me encanta*, to express likes and dislikes.
B **Descripciones y opiniones de películas**	■ describe the plot of a film ■ review the good and bad points of a film	■ use the preterite tense	■ vary your use of tenses and conjunctions appropriately
C **¿Por qué y dónde nos gusta ver películas?**	■ discuss the role of cinema and trends in how and where films are seen	■ use the imperfect and imperfect continuous tenses	■ use a range of negative constructions

¿Lo sabías?

■ España juega un papel importante en el cine mundial desde el principio; en este medio trabajaron artistas como Salvador Dalí y poetas como Federico García Lorca, que se dedicaron al 'séptimo arte' con entusiasmo; su amigo Luis Buñuel (1900–1983) fue el primero de los grandes cineastas españoles.

■ España es el tercer país europeo que más va al cine, y la mayoría de los españoles prefieren el cine a la música. En un año, cada ciudadano español acude a las salas cinematográficas entre 3 y 4 veces.

■ Aunque España produce muchas películas muy buenas, la mayoría de las películas que presentan los cines españoles vienen del extranjero. Entre las diez películas más populares en un mes típico, suele haber dos o tres españolas, y alguna película inglesa, francesa, alemana o italiana, pero la mayoría son películas norteamericanas.

Actividad preliminar

¿Quién hace qué en el cine? Empareja las personas con su trabajo.
Ejemplo: _____

1 h, ...
_____

1 el cineasta/el director	a	se encarga de crear la banda sonora
	b	aplica a las caras de los actores los colores, la barra de labios etc
2 el director de casting	c	maneja el aparato que graba el diálogo y los sonidos
3 el director de fotografía	d	selecciona a los actores que van a jugar los papeles del guión
4 la estrella de cine	e	suele ser el actor/la actriz que hace el papel del personaje principal de la película
5 el guionista		
6 el operador de cámara	f	está encargado de todo el proceso de grabar las imágenes
7 la maquilladora	g	es un experto en crear los elementos un poco irreales que se ven en la película
8 el microfonista	h	dirige la creación de la película, que suele llevar su nombre
9 el ingeniero de sonido	i	es la persona que escribe el argumento de la película
10 el técnico de efectos especiales	j	es el técnico que maneja el aparato que graba las imágenes

Vocabulario

hacer un casting *to audition*

el cineasta/el director *film maker, director*

el cortometraje, el largometraje *short film, feature length film*

el diseño *design*

la escena *scene*

la estrella (de cine) *(film) star*

el/la guionista *scriptwriter*

mezclas *mixes*

el montaje *editing*

el paneo *panning*

la pantalla *screen*

el primer plano *close-up/ foreground*

el segundo plano *background*

el plano corto *close-up/foreground*

rodar *to film*

1 💡🎧 Escucha a las tres personas que hablan de su tipo de película preferido; mencionan también las preferencias de su familia y de sus amigos. Empareja las personas y las preferencias.

2 a 💡🎧 Escucha y haz las actividades.

b Habla de tus preferencias en lo que se refiere al cine. Puedes usar:

- vocabulario de las Expresiones claves
- ideas de lo que dicen las personas a quienes oíste en la actividad 2a

c 💡 Trabaja con un(a) compañero/a. Preparad y haced un diálogo sobre vuestras preferencias del cine. (hoja de trabajo)

El cine latinoamericano

El cine llegó a Latinoamérica menos de un año después de la primera proyección realizada por los hermanos Lumière en Francia en 1895.

La primera película mejicana fue rodada en 1897; esta industria creció rápidamente con muchas comedias y dramas populares, y películas sobre temas culturales y sociales. Después hubo producciones sobre la Revolución Mejicana como *Vámonos con Pancho Villa* (1935). En 1950 el español Luis Buñuel realizó su obra maestra mejicana *Los olvidados*; esta película sobre los jóvenes marginados fue premiada en el Festival de Cannes. Más tarde volvieron aquellos temas históricos, como *Emiliano Zapata* (1970). Hoy, directores mejicanos tienen mucho éxito con películas como la aventura amorosa *¡Y tu mamá también!* Dos películas más recientes – *Babel* y *El Laberinto del Fauno*: aquélla una producción internacional, y ésta una fantasía situada en los años después de la Guerra Civil en España.

En Argentina, la industria se inició en 1915 con *Nobleza gaucha*, gran éxito del cine mudo argentino. Proliferaron películas con temas de tango, que ganaron el mercado latinoamericano. En 1942 se alcanzó la mayor producción de películas, entre éstas *La guerra gaucha*, pero luego este país perdió el mercado latinoamericano en beneficio del cine mejicano, hasta que apareció, en los años sesenta, el 'nuevo cine argentino', con películas como la aventura gauchesca *Martín Fierro* (1968). En los años más recientes el cine argentino ha renacido con películas románticas como *Nueve Reinas* (2000). Actualmente, el cine argentino roda cerca de 60 películas al año.

Aunque los dos países latinoamericanos que tienen la industria cinematográfica más sólida y con mayor tradición son México y Argentina, ahora la industria de cine de Hispanoamérica está progresando estupendamente: en un festival de cine celebrado recientemente en Perú, participaron una veintena de películas de 11 países: Argentina, Brasil, Chile, Colombia, Cuba, Ecuador, México, Perú, República Dominicana, Uruguay y Venezuela.

3 a 💡 Lee el artículo y haz las actividades.

b 💡 Lee el texto otra vez, y luego las frases siguientes. Apunta V (verdadero), F (falso) o N (no se menciona).

   i   La industria cinematográfica de México se inició en 1987.

   ii   La película mejicana *Los olvidados* ganó un premio importante en 1946.

   iii   La mayoría del continente latinoamericano no tiene una industria cinematográfica.

   iv   En la película *Martín Fierro*, el protagonista era un gaucho.

   v   El cine latinoamericano presenta la cultura extranjera.

   vi   Chile importa muchas películas estadounidenses.

   vii   *El laberinto del fauno* está situada en la Guerra Civil Americana.

4 a Escribe un párrafo explicando tus preferencias en todo lo que se refiere al cine.

- los tipos de películas que te gustan y por qué te gustan; da ejemplos
- los tipos de películas que no te gustan y por qué no te gustan; da ejemplos
- lo que piensas del cine español/latinoamericano/británico/ norteamericano, y por qué
- con quién (no) te gusta ir al cine/ver un DVD, y sus reacciones a las películas

b 💡 Oye, ¿quieres ir al cine conmigo?
Escribe un correo electrónico a tu amigo/a o tu novio/a para invitarle/ la al cine. (hoja de trabajo)

5 Imagina que eres cineasta y que tienes ideas para una película nueva. Tienes que presentar tu idea a un compañía de producción para pedir fondos/financiación.

Apunta los detalles de tu proyecto bajo los siguientes títulos; después, presenta el proyecto a tus compañeros de clase como si fueran ellos la compañía de producción.

- Tipo de película
- Tema, y explicación
- Guión – argumento en breve, guionista preferido si no lo escribirás tú
- Personajes, y actores que jugarán los papeles principales
- Vestuario, maquillaje u otros elementos según la época tratada en la película
- Música …
- Localizaciones
- Efectos especiales

💡 Gramática

Demonstrative adjectives and pronouns

This and these: *este/esta* and *estos/estas*

That and those (not very distant): *ese/esa/esos/esas*

That and those (more distant): *aquel/aquella/aquellos/aquellas*

- These demonstrative adjectives are used to identify a particular thing(s) or person(s), and are put in front of the noun: **este** *cine*
- When they are used as pronouns they have an accent: *No me gusta* **aquella** *película, prefiero* **ésta**.

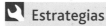

Estrategias

Expressing positive and negative opinions

Verbs like *gustar, encantar, parecer* are 'back to front' expressions: if you say '*me gusta mucho esta película*', you are actually saying 'this film is very pleasing to me'.

- The **verb** must agree (singular or plural) with **the thing that is liked/not liked**.
- The **indirect object pronoun** must be the correct one according to the **person** who likes/dislikes etc.

B | Descripciones y opiniones de películas

Vocabulario

el argumento *plot*

la banda sonora *sound track*

borracho *drunk*

borroso *blurry, fuzzy*

conmover *to move, affect emotionally*

doblar *to dub (voices)*

la entrada *ticket (for entry)*

la esclavitud *slavery*

la esperanza *hope*

el estreno *launch, première*

el fantasma *ghost, phantom*

incrementar *to increase*

un lugar de filmación *a film location*

el matrimonio *marriage, married couple*

pelearse *to fight, argue*

la selva *the jungle*

la taquilla *box office*

la taquillera *box-office clerk*

1 🔆🎧 Escucha las descripciones de las cinco películas. Para cada película, apunta la descripción correcta.

Ejemplo: _____

a=e, El Laberinto del Fauno

_____

a   *Volver*: una comedia negra y de misterio

b   *Crimen Ferpecto*: una comedia negra

c   *¡Y tu mamá también!*: una aventura amorosa

d   *Babel*: una aventura de misterio

e   *El Laberinto del Fauno*: una película de fantasía/realismo mágico

2 🔆🎧 Definiciones y descripciones: escucha y haz las actividades.

3 a 🔆🎧 Muchos cines tienen anuncios grabados, de manera que puedes informarte por teléfono sobre lo que ponen. Escucha el anuncio y contesta a las preguntas.

i   ¿Dónde se encuentran los dos protagonistas?

ii ¿Esta película es principalmente para niños o para adultos?

iii Si fueras alguien que prefería las comedias, ¿te gustaría esta película?

b 🔆 Haz un anuncio del mismo tipo sobre una película que has visto. (hoja de trabajo)

◄ | ⟳ | [   ] | 🔍 Buscar

Inicio | Índice | Sitemap | Ayuda | Versión texto

| FAQs |
| Noticias |
| Acceso directo |
| Arriba |

Sergio: A mí no me gustó nada *Babel*; me pareció demasiado complicada, y me resultó imposible seguir el argumento, porque cambiaba el escenario de una sección a otra, y nunca se sabía qué tenían que ver los personajes con lo que sucedía. Total, no mereció la pena pagar la entrada.– Sergio

De acuerdo, la última película de la serie *Harry Potter* tiene muy buenos efectos especiales y todo lo que tú quieras, pero se cambiaron algunas cosas. Sin embargo no me parecieron necesarios tantos detallitos que lo único que hicieron fue entorpecer la película. Salvaron la película los efectos especiales y ese mundo mágico. Lo que más me gustó fue que se basó en la novela, pero lo que menos me gustó fue la voz doblada de Hermione. – Laura

Fui a ver *Volver* con mi madre. Me encantó el personaje de Raimunda; creo que Penélope Cruz la representó fenomenalmente bien. Luego, ver aparecer a Carmen Maura otra vez en una película de Almodóvar fue algo emocionante. Como siempre, el cineasta aprovechó al máximo las técnicas que tenía a su disposición. – Rebeca

Me regalaron una entrada para el estreno en España de la última película de *Shrek*. Hubo algunos momentazos, pero no llegaron a recordarme a la primera, que fue la obra maestra. La segunda merecía un notable, pero ésta me aburrió ... Como decía antes, tiene sus puntos, pero son muy escasos. Los personajes me aburrieron y la película es lenta. No la recomiendo, y espero que no la repitan, que esta serie se acabe aquí ... ¡porque yo al menos no la iré a ver! – Jaime

El Laberinto del Fauno tiene elementos de fantasía pero también elementos de una película de terror; normalmente no me gustan las películas de este tipo, porque odio la violencia. Hubo momentos en que no pude ni mirar la pantalla de lo crudo de las imágenes violentas, pero me encantó el argumento y los efectos especiales fueron buenísimos.– Carolina

4 a 💡 Lee las opiniones y observaciones. Haz las actividades.

  b Contesta a las siguientes preguntas en español.

    i   ¿Por qué no le gustó nada *Babel* a Sergio?

    ii   Según Sergio, ¿cuál fue el problema con los personajes?

    iii ¿Qué opina Rebeca de Penélope Cruz y de Carmen Maura en lo que se refiere a sus papeles en *Volver*?

    iv ¿Cómo reaccionó al trabajo realizado por Pedro Almodóvar en *Volver*?

    v   ¿Qué opina Jaime de la serie *Shrek*?

    vi ¿De qué género es *El Laberinto del Fauno*?

    vii ¿Por qué hubo momentos en que Carolina no pudo ni mirar a la pantalla?

    viii Según Laura, ¿cuáles fueron los elementos buenos de *Harry Potter y la Órden del Fénix*?

    ix Y, ¿cuáles fueron los aspectos malos?

  c ¿Qué opinas tú? Escribe tu propio mensaje sobre una película que viste recientemente, incluyendo los siguientes elementos:

- el tipo de película que te gusta
- lo que pensaste del argumento
- tu opinión de los personajes principales, (y quizás de los actores)
- lo que opinas de otros elementos, por ejemplo efectos especiales, música, fotografía
- por qué los lectores tienen que ver esta película

5 a Describe a un(a) compañero/a una película en que el argumento te gustó mucho.

- describe el argumento
- explica por qué te gustó tanto

  b 💡 Elige o una película que te encantó, o una que no te gusta nada. Escribe un resumen de tu película. (hoja de trabajo)

Expresiones claves

el argumento describe/narra la historia de …

el/la protagonista es un héroe /una heroina de …

este actor representa muy bien el personaje de …

esta actriz hace muy mal el papel de …

el vestuario es uno de los elementos atractivos …

las localizaciones son evocadoras …

las técnicas de fotografía/sonido son superbuenas …

me hizo reír/llorar/gritar

me dio mucho miedo/me espantó

lo/la encontré muy conmovedor(a)

(no) quiero volver a ver esta película

(no) merece la pena … ver esa película, pagar la entrada

Conjunciones

luego

entonces

pues/después

al final

pero

sin embargo

💡 Gramática

The preterite tense

■ The preterite tense in Spanish is very similar to the English 'past simple' tense, using just one word to describe a single, completed action. So you need it for narrative accounts and reports of past events, and also to refer to single events in the past: *Luis Buñuel* **rodó** *una de sus películas en Méjico.*

◤ Estrategias

Using tenses and conjunctions in narratives

Which tense? When giving an account of a story or plot, you will need to use:

■ the preterite for all the single, completed actions, either single events or in a sequence

■ the imperfect to give background descriptions, describe ongoing situations, or to refer to repeated or habitual actions.

¿Por qué y dónde nos gusta ver películas?

Penélope Cruz

Vocabulario

actuar *to act*

el alquiler *rent, hire*

el ambiente *atmosphere*

ser/estar apasionado/a de algo/alguien *to be crazy about something/someone*

a mí me da asco *I can't stand it/him/her*

desorbitado *exorbitant*

enfadar *to annoy*

la guía del ocio *entertainments guide (in press)*

incondicional *big/staunch supporter*

inscribirse *to enter (e.g. competition)*

el modelo a seguir *role-model*

las palomitas *popcorn*

prestar atención *to pay attention*

protagonizar *to star/play the lead*

me quita las ganas *puts me off*

recurrir a *to resort to*

la sala *cinema auditorium*

salir caro *to turn out expensive*

el ser humano *human being*

sumar *to add up*

1 Lee el texto y haz las actividades.

2 a Escucha este perfil de Penélope Cruz, actriz española. Luego contesta a las preguntas en español.

i ¿Penélope Cruz viene de una familia rica?

ii Penélope Cruz sueña con trabajar con un cineasta español muy famoso – ¿quién es?

iii ¿Cuál fue el resultado de la audición de talentos en el que se inscribió?

iv ¿Cuántos años tenía cuando dejó la escuela?

v ¿Cuál fue su participación en el grupo Mecano?

vi ¿En qué trabajó antes de actuar en su primera película?

vii La película *Todo sobre mi madre* le cambió la vida a Penélope – ¿cómo?

viii ¿Cómo se llama la adaptación Hollywood de *Abre los ojos*?

ix ¿Para cuál de sus películas fue nominada a los premios Oscar, y cuándo?

x Aparte de su éxito como actriz, ¿qué otros dos talentos ha demostrado Penélope Cruz?

b Mira el vídeo y haz las actividades.

c Lee el artículo 'Las estrellas de cine …'. Inventa un titular para cada uno de los cuatro párrafos.

Las estrellas de cine: ¿qué contribuyen a la sociedad?

Las estrellas de cine no son todas egoístas; ha habido muchas que tenían una conciencia social. En 1930 Mario Moreno ya era el actor cómico más famoso de México, pero en sus interpretaciones estaba denunciando las desigualdades sociales. Mientras se convertía en estrella internacional, en la vida real estaba realizando obras caritativas y montando una agencia para los necesitados.

En las décadas recientes, entre los actores hispanos que realizaban obras benéficas estaba Imanol Arias. Mientras perseguía su carrera cinematográfica, paralelamente realizaba acciones de carácter humano; se involucraba en las campañas por la paz en el País Vasco, y fue elegido por UNICEF embajador especial, junto con Antonio Banderas. En 1994, este último ya estaba empezando a trabajar para UNICEF; después se le veía viajando en una misión a Somalia y grabando mensajes para atraer la atención del público hacia la organización de ayuda a la niñez. Ni Banderas ni Arias sigue actualmente con este trabajo.

Mario Moreno

Si vas al sitio web de la actriz Julia Roberts, no sólo verás lo de siempre – a saber, datos personales, detalles biográficos, filmografía; también verás que participa en un total de siete organizaciones benéficas: se podría creer que parece explotarlas para su estrategia publicitaria. No es decir que no haga nada, sino al contrario.

Ha apoyado UNICEF, organizaciones que trabajan con niños enfermos o desfavorecidos, dos que existen para proteger animales en peligro de extinción, y una que pretende conservar las secuoyas de California. También ayudó a recaudar fondos para las familias de las víctimas del atentado del 11 de Septiembre de 2001, donando dos millones de dólares. No se puede negar el valor de ninguna de estas obras caritativas, tampoco le sorprenderá a

nadie el hecho de que esté involucrada en la actividad altruista, pero es un buen ejemplo del uso de la actividad caritativa para promocionarse.

d Lee estas frases y corrige los errores: en cada frase tienes que cambiar una palabra.

i El actor cómico Mario Moreno era de nacionalidad española.

ii Moreno dio un mal ejemplo a los demás actores.

iii En su tiempo libre Imanol Arias realizaba obras egoístas.

iv Imanol Arias luchaba por la independencia en el País Vasco.

v Antonio Banderas fue uno de los cantantes españoles que han sido embajadores especiales de UNICEF.

vi En el sitio web de Julia Roberts se encuentra información sobre su participación en películas benéficas.

vii Julia Roberts coopera con varias organizaciones que protegen las estrellas en peligro de extinción.

viii La donación de esta famosa actriz a las víctimas del terrorismo fue muy pequeña.

3 a Habla con un(a) compañero/a sobre vuestros hábitos en lo que se refiere al cine. (hoja de trabajo)

b ¿Cómo se han cambiado tus preferencias? (hoja de trabajo)

4 Prepara cinco preguntas en forma de cuestionario, luego haz una entrevista con tus compañeros sobre:

- razones para ir al cine
- preferencias entre cine o DVD en casa
- celebridad: responsabilidades sociales de las celebridades, progresión profesional de los actores

Expresiones claves
Razones para ir al cine

Nunca he perdido la última película de mi cineasta preferido: es un verdadero genio.

Es importante escaparse de la realidad de vez en cuando.

El cine es para entretenerte socialmente: para mí, es un evento social.

Prefiero las películas que tratan de temas verdaderos/históricos.

No me interesan las historias verdaderas – prefiero los argumentos ficticios y la fantasía.

Es mucho mejor ver una película en el cine que verla en DVD en casa: hay mucho más ambiente en un cine.

El cine es para divertirse, no para pensar en temas serios/políticos.

El cine es un medio muy potente para presentar un mensaje político.

Prefiero quedarme en casa a ver un DVD, puedes verlo cuando y las veces que quieras, sin tener que volver a pagar.

Desprecio a los que buscan en el cine un modo de escape.

Estrategias
Negative constructions

No is used by itself for straight negation (I have **not** ...).

Where other negative expressions are used, *no* is put in front of the verb and *nada, nadie, nunca, ninguno/ún/a/os/as, ni ... ni ...* come after the verb.

Gramática
The imperfect and the imperfect continuous

The imperfect tense is used:

- to describe what something was like
- to say what used to happen
- to describe an ongoing or interrupted action in the past
- to describe an 'ongoing action' even more vividly, you can also use the imperfect continuous, made up of the imperfect of *estar*, plus the gerund (the form of the verb ending in *-ando* or *-iendo*).

Now you should be able to:

- discuss types of film and your own and others' preferences
- describe the plot of a film
- review the good and bad points of a film
- discuss the role of cinema and trends in how and where films are seen

Grammar

- use demonstrative adjectives and pronouns
- use the preterite tense
- use the imperfect and imperfect continuous tenses

Skills

- use verbal expressions such as *me gusta, me encanta*, to express likes and dislikes.
- vary your use of tenses and conjunctions appropriately
- use a range of negative constructions

💡 ¡Haz la prueba!

1 Completa la frase usando pronombres e adjetivos demostrativos apropiados.

Ayer mi novia vio .... película, pero no le gustó nada. Me dijo que .... guión no era interesante, y además .... director no tiene mucha imaginacíon, sobre todo cuando selecciona a actores como ....

2 ¿A qué se refiere esta definición?

Verbo que describe el acto de hacer el papel principal de una película.

3 Completa la frase usando un verbo en el pretérito.

Anoche .... un DVD muy bueno, y me .... mucho. .... comprarlo para mi novio.

4 Traduce la frase.

Mientras estaba viendo la película, Pablo comía unas palomitas.

5 Escribe una definición de «un largometraje»

6 Completa las frases, poniendo los verbos en el imperfecto.

Mientras .... (ver) mi nuevo DVD, mis padres .... (mirar) una película muy vieja en la tele. Les .... (gustar) porque sus actores favoritos .... (hacer) los papeles principales.

7 Traduce la frase.

Nos alucinaron los escenarios y los exteriores, que fueron hermosísimos.

8 Rellena los espacios con palabras apropiadas.

Pedro Almodóvar es el .... español más famoso de ahora. Empezó a crear .... cuando era bastante joven, pero pronto empezó a .... largometrajes. Al principio se conocía por sus .... un poco arriesgados, pero ahora sus películas tratan de temas muy originales e interesantes.

9 Escribe una frase que describa tu reacción a una película.

10 Escribe una respuesta apropiada a esta opinión:

En el cine, el guión es más importante que los efectos especiales.

AQA Examiner's tips

Listening

Listen to the passage all the way through, then go back and pause the recording to answer each question.

Speaking

Make the best possible use of your preparation time.

Avoid complicated replies. You may lose track of what you're trying to say.

Reading

Plan your time carefully. Quickly scan the test and note which tasks will use more time.

If you can't immediately recognise a word, don't panic! Read the text around the word to help work out its meaning.

Writing

Aim to revise at least 10 words a day. If possible, get someone to test you!

If you don't know the exact word you need, use a similar one (*majo – simpatico – agradable*).

La cultura de todos los días

5

La música

By the end of this sub-topic you will be able to:

	Language	Grammar	Skills
A **¿Qué tipo de música?**	▪ discuss types of music ▪ give opinions	▪ use the perfect tense ▪ use *acabar de*	▪ listen for gist and for detail, distinguishing key words and facts
B **La música en mi vida**	▪ discuss the role of music in people's lives	▪ use the present continuous tense, and gerunds	▪ use conversational skills, expressing and reacting to points of view
C **La música y la identidad**	▪ discuss music and personal/cultural identity	▪ use object pronouns ▪ use personal '*a*'	▪ –

¿Lo sabías?

▪ España tiene una tradición de música muy individual, debido a las influencias de la civilización árabe y de latinoamérica que no afectaron a otros países europeos. En el pasado, gran parte de su música era religiosa, pero España también tiene importantes compositores clásicos, como Manuel de Falla y Joaquín Rodrigo.

▪ La popularidad de las canciones pop se publica cada sábado en *Los 40 Principales*, que se emite en la Cadena de los 40 Principales, y en otras emisoras de radio, y en la prensa.

▪ La venta de música grabada en España, (CD, DVD musical, casetes) así como la venta de música digital (on-line, ringtones ...) disminuye año tras año. Mientras tanto, la piratería representa un gran problema, como en otros países: el número de canciones descargadas de forma ilegal sube cada año. Sólo el 3% de los internautas paga por la música que se descarga.

▪ La música es cada vez más importante en la rutina de las personas: el 83% de los españoles escucha música con frecuencia.

Actividad preliminar

1 ¿Qué es la música?

He aquí una serie de definiciones pero las palabras de cada una han sido revueltas. ¿Puedes poner las palabras en el orden correcto?

Luego pon las frases en el orden de prioridad que te parezca más apropiado.

1 hablar Tocar música al es corazón.
2 La serie de más música es que mucho una notas.
3 y es melodía: eso Armonía sí música.
4 La siempre primer en corazón. es como lleva el música amor, se el
5 eres ¿Qué tú! música? ¡es la Música...
6 Mi es personalidad. mi música

¿Qué tipo de música?

Vocabulario

acertar *to be right*

alcanzar *to reach*

a la cabeza de *first among, top of the list of*

el cantautor *singer-songwriter*

el concursante *contestant*

difundir *to broadcast*

faltar *to be absent*

la hermanastra *stepsister*

ingenuo *naive*

el oyente *listener*

un recopilatorio *a compilation*

sintonizar *to tune into*

me suena *it rings a bell*

1 Estudia la lista de géneros de esta tienda de música on-line. Pon la lista en tu propio orden de preferencia, apuntando el equivalente en inglés cuando el español no usa la misma palabra.

Buscar

Inicio | Índice | Sitemap | Ayuda | Versión texto

FAQs
Noticias
Acceso directo
Arriba

SótanoMúsica.com

Aquí encontrarás todo para satisfacer tus gustos musicales:

Estilos
Pop - Rock Español
Pop - Rock Internacional
Dance/Progresiva//Trance/Tecno
Electrónica
Rap/Hip-Hop
House/Funky/Tribal
Chill Out

Flamenco y Canción Española
Música Latina y Salsa
Músicas del Mundo
Soul/R&B/ Funk
Reggae/Ska
Folk/Country
Jazz - Blues
Remember 50s/60s
Regional: Gallega
Clásica
Bandas Sonoras
Recopilatorios
Infantil

---

2 a Lee otra vez la lista de los géneros de música, y escucha los anuncios de las 10 emisoras de radio. Identifica el género de cada emisora.

b Lee los mensajes electrónicos y haz las actividades.

La música pop española: ¡es diferente!

La música pop española nació en los años 60. Entre las primeras estrellas están el primer ídolo Raphael, y Julio Iglesias, el cantante que más discos ha vendido (más de 250 millones). Más tarde hubo el rock de Miguel Ríos. En un principio los cantantes imitaban el pop y el rock británico y americano. Sin embargo, el flamenco y otros ritmos hispanos llevaron a un sonido característico propio.

Durante el período del General Franco (1936–1975) la música popular, como otros aspectos de la cultura, quedaba limitada en su expresión. Pero tras la muerte de Franco, la transición democrática produjo una explosión cultural que se conoce bajo el nombre de La Movida; entre docenas de grupos de aquella época estuvo Mecano, el grupo español que más discos ha vendido (cerca de los 20 millones).

Hoy entre los cantantes españoles que más ventas de discos han alcanzado en España y Latinoamérica están, Alejandro Sanz y Enrique Iglesias (hijo de Julio). A la cabeza de los grupos musicales de mayor éxito están La oreja de Van Gogh, y más recientemente El Canto del Loco.

También hay que mencionar a los **cantautores**, que, al igual que en la América Latina, basan su música en el folclore popular y letras con mensaje político. Los más conocidos son Joan Manuel Serrat y Víctor Manuel.

España tiene una gran tradición de música folclórica, tan variada como lo son las regiones del país. Entre los más importantes están la **jota de Aragón**, el **flamenco de Andalucía**, la **muñeira de Galicia**, y la **sardana de Cataluña**. Estos estilos tienen una gran influencia en la música pop: el guitarrista flamenco Paco de Lucía, entre otros, ha tenido mucho éxito con su 'flamenco-pop' al igual que artistas como Hevia, inspirado por la música asturiana, y Carlos Nuñez y Luar na Lubre que usan estilos e instrumentos gallegos.

La música es muy popular en el mundo hispano, con un montón de tipos de música propias: salsa, merengue, tecno-cumbia, ranchera, tango etc. La música y el baile hispana por ejemplo salsa, merengue y tango, y artistas hispanos como Shakira, Ricky Martín y Los del Río han tenido un gran éxito en muchos otros países, como el Reino Unido, Estados Unidos y Europa.

---

3 Los siguientes titulares dan un resumen en inglés de los párrafos de 'La música pop española: ¡es diferente!' Ponlos en el orden correcto.

a Spain's wide variety of traditional and regional types of music has had a great impact on Spanish pop music.

b Generally speaking, the music of the Spanish-speaking world has travelled well.

c Many Spanish pop stars are popular elsewhere in Latin America.

d The development of Spanish pop music took off when democracy arrived in the late 70s.

e Singers who write their own songs are popular in Spain and the Spanish-speaking world.

4 Escucha las entrevistas en la tienda de música, y haz las actividades.

5 Describe cómo tu amigo/a te ha persuadido para que vayas con él/ella a un concierto. (hoja de trabajo)

6 Haz una entrevista con un(a) compañero/a. (hoja de trabajo)

Gramática

The perfect tense

As in English the perfect tense describes a single, completed action in the immediate past, one which has just or recently happened.

The perfect tense is made up of two parts: the verb *haber* (to have) for ALL verbs, and the past participle.

Using *acabar de* (to 'have just' done something)

If you want to say **I have just bought …**, use the verb *acabar + de* followed by an infinitive: *Acabo de comprar …*

Estrategias

Listening strategies

The one most important strategy is to **look closely at the questions** and make sure you know what crucial/key details are asked for.

If the stimulus is heard more than once, listen for gist the first time, then for the detail asked for in the questions.

There are bound to be some cognates, but watch out for different pronunciation in Spanish.

La música en mi vida

Vocabulario

la acera *pavement*

aguantar *to put up with*

¡fíjate qué locura! *how crazy!*

la grabación *recording*

el hilo musical *piped music*

la letra *the lyric(s)*

obligar a alguien a hacer algo *to force someone to do something*

oír música en vivo/en directo *to listen to live music*

el ritmo bajo *bass rhythm*

los sonidos graves *bass sounds*

subir/bajar el volumen *to turn up/ turn down the volume*

¡vaya pregunta! *What a question!*

1 💡 Empareja las frases con los dibujos.

2 a 💡🎧 Escucha a las seis personas: ¿como expresan las cosas siguientes? Hay una pregunta para cada persona.

   i   Así puedo pensar más claro

   ii Necesita aproximadamente el mismo tiempo que ...

   iii Cuando tengo un montón de trabajo

   iv De vez en cuando subo el volumen

   v Es una manera de cubrir ...

   vi Cuando me estoy bañando

b 💡🎧 Escucha otra vez, luego contesta a las preguntas siguientes:

   i   ¿Qué tipo de música escucha Paco cuando estudia?

   ii ¿Cuándo escucha Marcia su música rock?

   iii Dani suele poner su MP3 muy bajo, ¿no?

   iv ¿Cuándo y por qué le gritan los padres de Elisa?

   v ¿Por qué suele Julio poner su CD de la Oreja de Van Gogh?

   vi ¿Qué hace Rosa mientras está escuchando su CD de Malú?

3 a 💡 Lee los blogs y haz las actividades.

b Escribe tu propia respuesta a la pregunta del sitio: ¿Cuáles son tus tres canciones preferidas, y por qué son importantes en tu vida?

Inicio | Índice | Sitemap | Ayuda | Versión texto

🔍 Buscar

FAQs

Noticias

Acceso directo

Arriba

La música y yo

Vamos a ver: yo soy hijo del Rock, del rock duro, además. Y del Pop. Y de todo eso. Mis grupos favoritos, los que me hicieron amar la música eran lo más alejado de la ortodoxía que pudiera haber. Eran maleducados, sucios y escandolosos. Pero también eran creativos, revolucionarios, artistas y geniales. Fueron los Deep Purple, los Grand Funk, los Led Zeppellin, los Yes. Me hicieron enloquecer con la música y enloquecer, además, especialmente con la música de mi generación, la música de los que tenemos ya los malditos cuarenta tacos.

Luego me emocionaron algunos baladistas. Llegaron los talentosos y líricos Elton John o James Taylor y con ellos llego a cotas de entusiasmo.

Lo demás me ha interesado relativamente poco. El Country está bien pero poco más, y el Jazz no me llega. Los movimientos urbano-musicales me han parecido flor de un día, capricho de jóvenes imbéciles. El Punk no ha dejado nada, absolutamente nada. Con la música clásica tengo un respetuoso distanciamiento, mucho respeto y todo eso, pero ni el más mínimo interés.

www.orfeoed.com

Carlos Herrera, periodista y presentador

c ¿Cómo dice Carlos Herrera en español …?

    i   the ones who made me love music
    ii   as way out as possible
    iii they made me crazy about music
    iv   we are already past the dreaded age of 40
    v   I get completely carried away
    vi   jazz doesn't do anything for me
    vii here today, gone tomorrow

d Escoge la respuesta que mejor convenga.

    i   When do you think Carlos Herrera was born? 1935? 1957? 1980?
    ii   What did his favourite groups represent for him? rebellion? romance? his childhood?
    iii For what kind of music does he express a respectful indifference? Jazz? Punk? or classical?

4 a 💡🎧 Escucha a Maruja y a Eduardo y haz las actividades.

b 💡 ¿Cuáles son los principales benficios de la música?

c 📝 Escribe unos apuntes acerca de tus gustos y preferencias en lo que se refiere a escuchar música – dónde, cuándo y cómo. Recuerda, si quieres, puedes inventar.

Luego, usa tus apuntes para grabar un monólogo o hacer una entrevista con un(a) compañero/a de clase.

d 💡 ¿Cómo reaccionas tú?

Expresiones claves

para mí la música es esencial/ importante porque

… me hace feliz

… es un consuelo cuando me pongo triste

la música es una manera de …

… cubrir los ruidos de fondo

… recordarme de/olvidar …

la música me ayuda a aguantar/ soportar …

no aguanto/no soporto/me irrita …

… el sonido que sale de los auriculares de otros pasajeros desconsiderados

… el hilo musical que ponen en los ascensores/supermercados

… la música grabada que ponen cuando estás a la espera al teléfono

The verb *soler* (*ue*) followed by the infinitive of the main verb expresses 'usually':

suelo escuchar música en mi iPod cuando voy al gimnasio

solemos poner la radio y cantar la letra de las canciones, mientras preparamos la cena

suelen escuchar música en el coche

💡 Gramática

The present continuous tense and the gerund

The Spanish equivalent of the English present with am/is/are '… ing' is the present continuous tense. This consists of the appropriate part of the present of *estar* with the gerund (verb ending in *-ando* or *-iendo*). This is the part of the verb which is equivalent to English '-ing' in this tense.

■ To say 'when I am/was doing something', use *cuando*: *Me gusta cantar cuando me estoy duchando.*

■ 'While I am/was …' is expressed with *mientras* …: *Me llamó mientras estaba escuchando aquel CD.*

🔊 Estrategias

Conversational skills

To keep a conversation going, you need to build a range of expressions for:

■ what you want to say
■ what you want to know from the other person
■ how to react to what they say.

C

La música y la identidad

Vocabulario

baile, cante y toque *dancing, singing and playing (a musical instrument)*

las castañuelas *castanets*

celta *Celtic*

colgar el teléfono *to hang up*

un complejo *a complex, obsession*

un conjunto *a band, group*

las cuerdas *strings, chords*

un desafío *challenge*

duradero *lasting*

el estreno *a launch*

la gaita *bagpipes*

lograr *to manage, achieve*

los mariachis mexicanos *Mexican bands*

el motor *the driving force*

el mundo anglosajón *the English-speaking world*

patrocinar *to sponsor*

propagarse *to spread*

el son *type of Cuban music*

el timbre *the (sound) quality, tone*

el tres cubano *Cuban guitar*

las zampoñas *pan-pipes*

1 Varios estilos de flamenco se asocian con las ciudades principales de Andalucía: ¿puedes emparejar cada estilo con la ciudad apropiada sobre el mapa?

Ejemplos: _____

gaditanas: Cádiz

_____

i   gaditanas
ii cordobesas
iii rondeñas
iv sevillanas
v   granadinas
vi malagueñas

Una presentadora de *Música del mundo* entrevista a Ángel García, editor de *Los tiempos musicales*. Lee la primera parte de la entrevista.

Entrevistadora Ángel, ya sé que eres gran aficionado de la música hispana, y que tienes una colección impresionante de canciones ... ¿qué significa la música hispana, para ti?

Ángel Bueno, los países hispanos tienen una enorme riqueza musical: tradiciones, estilos, instrumentos, artistas. Además, los elementos regionales y folclóricos son muy duraderos: la música hispana se ha propagado por todo el mundo y ha influido en la música popular de hoy, alcanzando una dimensión internacional, reinventándose constantemente.

Entrevistadora ¿Puedes darnos unos ejemplos?

Ángel Bueno, lo más típico, quizás es la música de Andalucía, la región más al sur de España; esta región se asocia con el flamenco. Este género de música usa la guitarra en casi todas sus formas, las castañuelas sobre todo cuando se trata de baile, y la voz humana. Pero no se limita al flamenco tradicional, pues tenemos el pop-flamenco y su gran influencia en el pop-rock español ...

Entrevistadora Sí es verdad que Malú tiene un estilo que recuerda el cante flamenco.

2 En cada una de las frases siguientes hay un error. Corrígelos.

a   Ángel es coleccionista de canciones americanas.

b   La influencia que tiene el flamenco en el pop-rock español es poco importante.

c   El flamenco usa la guitarra y las zampoñas.

d   Las influencias regionales y folclóricas ya han desaparecido.

e   La cantante Malú tiene un estilo que recuerda la música tradicional de Galicia.

3 a 💡🎧 Después de escuchar la entrevista con Malú, apunta todo lo que puedas en inglés bajo los siguientes títulos.

    i   her new record
    v   self-confidence/image
    ii   lyrics of her songs
    vi   future plans
    iii relationship with family
    vii music industry
    iv fans
    viii pirating music

b 💡🎧 Vuelve a escuchar la entrevista, luego lee estas frases. Para cada una, escribe V (verdadero), F (falso) o N (no se menciona).

    i   El estreno del nuevo disco de Malú la hace nerviosa.
    ii   Malú expresa su vida y sus emociones a través de sus discos.
    iii A Malú le gusta pasar mucho tiempo con sus fans.
    iv Cuando era joven, le parecía necesario perder peso.
    v   Malú no cree que haya conflictos en la industria de la música.

4 🎧 Escucha la entrevista con Ángel García y haz las actividades.

5 a 💡 Lee la apreciación de la música hispana, y de la influencia que tiene en el mundo. Luego, haz la actividad.

b 💡 Escribe un artículo de 200 palabras sobre la música latina o sobre el género de música que te gusta más. (hoja de trabajo)

c 💡 Haz una presentación sobre un músico hispano. (hoja de trabajo)

💡 Gramática

1 Object pronouns

Direct object pronouns

Me, te, nos, os – me, you (informal), us, you plural (*tú*).

Lo, la, los, las – him, her, it, them, and you (*usted*).

- The direct object pronouns usually come in front of the verb.
- But when they are used with a gerund or an infinitive, they can be tacked onto the end.
- In positive commands, they have to be tacked onto the end.
- In negative commands, they stay in their usual position, in front of the verb.

Indirect object pronouns

Most of these are the same as the direct object pronouns: *me, te, nos* and *os*.

For the third person – to him/her/them, you (formal) *le* and *les* are used.

- The rules for position of indirect object pronouns are the same as for direct object pronouns.
- If two or more object pronouns occur together, the indirect object pronoun comes before the direct object pronoun.

2 Using personal 'a'

When the direct object of a verb is a specific person or persons, the personal 'a' is needed just before it to make it absolutely clear that it is the object and not the subject.

Expresiones claves

el flamenco auténtico representa un estereotipo de …

se expresa a través de …

llevar su interpretación a …

… es una interpretación (moderna) de …

lo hizo popular

lo llevaron adelante

además de la influencia de …

no es de sorprender que …

una tradición de música basada en …

estar agradecido/a (a alguien)

Now you should be able to:

- discuss types of music
- give opinions
- discuss the role of music in people's lives
- discuss music and personal/cultural identity

Grammar

- use the perfect tense
- use *acabar de*
- use the present continuous tense, and gerunds
- use conversational skills, expressing and reacting to points of view

Skills

- listen for gist and for detail, distinguishing key words and facts
- use object pronouns
- use personal '*a*'
- –

💡 ¡Haz la prueba!

1 Completa las frases, empleando un pronombre objeto.

Mi amiga compró un álbum, pero no … gustó mucho. Las canciones no tenían letras interesantes, pues … encontró aburridas. Volvió a la tienda para pedir un reembolso de sus 10 euros, y el dependiente … … devolvió.

2 Escribe una definición de 'un incondicional'.

3 Completa la frase usando un verbo en el presente continuo.

En este momento …………, y la música que ………… me ………… a concentrar.

4 Traduce la frase.

Alonso ha comprado unos CDs en la ciudad, y acaba de volver a casa.

5 ¿A qué se refiere esta definición?

Así se llama una persona que escribe la letra y quizás la melodía de una canción, y luego las canta.

6 Completa las frases, poniendo los verbos en el imperfecto continuo.

Ayer mi hermana ………… (buscar) el nuevo CD de Malú, porque el día anterior, cuando ………… (volver) a casa en el autobús, lo oyó en el MP3 de su amiga, cuando ………… (viajar) juntas.

7 Traduce la frase.

Me gusta bastante la letra de esa canción pero la melodía es aburrida.

8 Escribe una frase que describe tu reacción al hilo musical de una tienda.

9 Rellena los espacios con palabras apropiadas.

El otro día ………… un programa de pop-rock cuando pusieron una canción con un ………… muy bajo. Subí el ………… pero mi madre me gritó desde la cocina: 'Bájalo, pues los ………… graves me dan dolor de cabeza.'

10 Escribe una respuesta apropiada a esta pregunta: ¿Cómo nos beneficia la música?

AQA Examiner's tips

Listening

Look carefully at the number of marks set for each question: 2 marks means that the examiner will look for 2 details in your answer.

Do not listen to a particular section of the recording more than three times. If you can't understand it, come back to it later. You will probably find it easier next time round.

Speaking

Take time to think about what you want to say. It is better to plan your answer than start speaking without having thought it through first.

You can ask for a question to be repeated, but avoid asking the examiner for vocabulary you don't know.

Reading

Vocabulary related to media and popular culture will contain a lot of words and concepts similar in form to English. Technical jargon is also very similar. Examples: *los programas documentales, la música pop, instalar un programa*.

The questions follow the text in sequence. Don't answer a question based on the first paragraph with a comment taken from the final paragraph.

Writing

Underline the key elements set in the question and use these as paragraph sub-headings in your planning.

Follow the principle of stating an idea or opinion and then develop it with examples that successfully justify or explain it.

La cultura de todos los días

6 La moda

By the end of this sub-topic you will be able to:

	Language	Grammar	Skills
A La moda, ¿individualidad o conformismo?	■ consider the influence of fashion on lifestyle and leisure	■ use the present subjunctive of regular verbs	■ plan a discussion
B Identidades e imágenes	■ discuss whether how we look defines who we are	■ use *ser* and *estar*	■ plan your written work
C ¡Quiero parecerme así!	■ discuss the cult of the celebrity and the desire to alter our image	■ use the subjunctive 'mood' ■ use the subjunctive in conditional sentences	■ check your written work

¿Lo sabías?

- La moda española triunfa en todo el mundo, con diseñadores, marcas y modelos de prestigio internacional; Madrid y Barcelona son importantes centros de moda.

- Entre las empresas de moda españolas más conocidas internacionalmente están Zara, Pull & Bear, Massimo Dutti, Bershka, Stradivarius, El Corte Inglés, Loewe, Camper, Mango y Pronovias.

- La moda en España es un negocio multi-millonario; las empresas nacionales aportan mucho dinero a la economía del país, y contribuyen al prestigio internacional de España y del castellano.

- Un 48 por ciento de los españoles confiesa que gasta una cantidad significativa de su dinero en ropa y moda, el porcentaje más elevado de Europa y uno de los más altos del mundo.

Actividad preliminar

¿Eres 'fashionista'?

1 ¿Con qué frecuencia compras ropa?
   a Una prenda al mes como promedio
   b 2 o 3 prendas al mes
   c varias prendas cada semana

2 Cuando compras ropa nueva, ¿compras ropa de marca?
   a No mucho
   b A veces
   c Siempre

3 ¿Qué marcas prefieres?
   a No me importa
   b Marcas nacionales
   c Marcas internacionales

4 ¿Qué te motiva cuando compras ropa?
   a Necesito la ropa
   b El precio
   c Para estar de moda

5 A la hora de vestirte, ¿cómo decides lo que vas a ponerte?
   a Según el tiempo que hace
   b Según lo que voy a hacer aquel día
   c Según lo que está de moda

6 ¿Cuál es la consideración más importante cuando escoges lo que vas a ponerte?
   a Comodidad
   b Combinación de colores
   c Que parezca ropa de marca

A   La moda, ¿individualidad o conformismo?

Vocabulario

anticuado *old-fashioned*

la cirugía plástica *plastic surgery*

conforme a *in accordance with*

contar con *to count on, depend on*

al fin y al cabo *after all*

hacer un esfuerzo *to make an effort*

laboral *work-related*

el maquillador *a make-up person*

mediante *by means of*

un modelo *a model (of item, product)*

una modelo *a fashion model (the person, whether male or female, but note rare case of feminine noun ending in 'o')*

ocultar *to disguise, conceal*

pertenecer *to belong*

una prenda *an item of clothing*

sacar el mayor partido *to get the most out of*

tener buen tipo *to have a good figure*

último *latest*

la moda es un elemento importante del arte creativo

lo que te pones te distingue de los demás

solo quieren que *compremos* sus productos

nos dicen que todos necesitamos ser jóvenes, delgados – no es posible para todos!

la moda ofrece una dimensión de originalidad para que *expresemos* nuestra personalidad

lo que llevas te identifica con un grupo social: te vistes según el grupo al cual *pertenezcas*

hay mucha presión sobre nosotros, para que *conformemos*

1 Lee estas frases, y en cada caso, decide si describen una ventaja de la moda, o un inconvenie.

2 a 💡🎧 Escucha las entrevistas y contesta a las preguntas.

   b 💡🎧 Contesta a las siguientes preguntas en español.

   i   Las dos chicas, ¿por qué están en el Corte Inglés?

   ii ¿Por qué necesitan ropa nueva?

   iii ¿Por qué quiere Luz comprar un regalo para José?

   iv ¿Cuáles son las ventajas y desventajas de los nuevos modelos de móvil?

   v   Cati, ¿adónde va de compras?

   vi ¿Por qué busca prendas originales?

   vii ¿Qué buscan Luisito y su padre?

   viii Luisito, ¿por qué está estresado?

Cambio Radical

Cambio radical, presentado en Antena 3 por Teresa Viejo, tiene como objetivo mejorar la imagen de personas a través de la cirugía estética, pero no sólo se centrará en la cirugía plástica; contará también con entrenadores personales, psicólogos, nutricionistas y estilistas, entre otros profesionales.

La cadena y la productora han seleccionado a los candidatos en un riguroso proceso supervisado por el equipo médico del programa. Este equipo ha escogido a los participantes siguiendo una pauta básica: solo podrán entrar en el programa aquellas personas para las que se considere que un cambio radical en su aspecto físico puede reportarles grandes mejoras en su vida, desde un punto de vista social, laboral, emocional. Además, sólo se han aceptado candidatos que reúnen optimas condiciones de salud.

Mientras tanto, el Consejo General de Colegios de Médicos hace un llamamiento a los responsables de los medios de comunicación, para que tomen conciencia de la gran contribución que tantas veces han realizado mediante informaciones prudentes y razonables sobre salud. Pero al mismo tiempo ahora critican las referencias a la medicina en un espectáculo poco respetuoso con la dignidad de las personas.

Desnudas

En plena popularidad de los 'realities' de cirugía estética, Cuatro propone *Desnudas,* un programa de cambio de imagen donde las participantes no pasan por el quirófano. El programa, presentado por el diseñador madrileño Juanjo Oliva, ayudará a las mujeres a aprovechar de sus virtudes haciendo uso del maquillaje, la peluquería y el estilismo. «Muchas tienen una mala percepción de sí mismas», sostiene

Fernando Jerez, director de antena de Cuatro. «*Desnudas* tiene como fin enseñar a personas con problemas de autoestima que pueden mejorar su aspecto físico sin necesidad de pasar por un quirófano.»

El formato muestra a mujeres que no están a gusto con sus cuerpos y que con la ayuda de estilistas, diseñadores, maquilladores y otros expertos en belleza **logran cambiar su imagen** y, sobre todo, **elevar el concepto que tienen de sí mismas.**

Juanjo Oliva y sus colaboradores irán enseñando a cada invitada cómo sacar provecho de sus cualidades, resaltando sus virtudes y minimizando sus defectos. Así, las verdaderas estrellas de los programas serán esas mujeres a las que se ayudará a sacarse el mayor partido, a superar sus posibles complejos y, en definitiva, a mejorar su autoestima.

Fig. 1 ¿Prefieres ir de compras en los grandes almacenes …

Fig. 2 … o en los mercados?

3 Vas a leer un artículo y escuchar una conversación sobre dos programas de 'cambio de imagen' que se puede ver en la tele en España.

a Busca el español en el artículo.

i a make-over	iii cosmetic surgery	v an appeal
ii by means of	iv a condition, criterion	vi the media

b 💡🎧 Objetivos y opiniones.

4 a 💡 Planifica una discusión sobre la imagen y la moda. (hoja de trabajo)

b 💡 ¡Ahora te toca a ti ser entrevistador(a)! (hoja de trabajo)

c Haz la encuesta de la tarea 4b) con un(a) compañero/a. Después de hacerla una vez, cambiad de papeles y hacedla otra vez.

5 Escribe la descripción de una víctima de la moda, que no puede resistir la tentación de gastar todo su dinero en ropa.

Expresiones claves

el aspecto físico
el autoestima
el diseñador
guardar las apariencias
la imagen, la percepción de sí mismo
tener buen tipo
Estoy de acuerdo …
(Creo que) tienes razón …
Lo que dices está bien
Eso me parece muy razonable
¡Verdad que sí!
No estoy de acuerdo …
¡Qué va!
¡No (lo) creo!
Pero eso es ridículo
Pero, ¿no te parece que …?
¡Qué absurdo!
¡Qué tonterías dices!
No seas exagerado/a

💡 Gramática

The present subjunctive of regular verbs

The subjunctive is used, basically, whenever there is any doubt about the action described – e.g. someone wants or intends something to happen, but it might not!

For example: *Solo quieren que* **compremos** *sus productos.* They only want us to buy their products [but we might not!]

Or: *¡Puedes llevar lo que te dé la gana!* You can wear whatever you feel like! [but you have not yet decided]

🔲 Estrategias

Planning a discussion

Think about:

- what ideas and opinions you want to communicate
- the topic vocabulary, and expressions you can use
- the grammar you will need to use
- what the other person might say and …
  … how you will react if you agree, or
  … how you will react if you disagree

Identidades e imágenes

Un gaucho argentino

Vocabulario

de calidad *quality*

cursi *twee, pretentious*

deslumbrante *dazzling*

el estampado *print (fabric)*

exquisito *trendy*

grueso *coarse, thick (material)*

lanzar *to launch*

se lleva un montón *it's a huge hit*

la pasarela *catwalk*

presumir de algo *to show something off*

una tela *a fabric, material*

Unas peruanas vestidas de un estilo típico en los Andes

1 ¿Puedes unir las fotos con los países? Puedes describir lo que lleva esta gente?

2 a 💡🎞 Mira la entrevista con Cati en la que explica los estilos tradicionales que han inspirado su colección, luego contesta a las preguntas.

b 💡🎞 Mira la entrevista otra vez. Escribe V (verdadero), F (falso) o N (no se menciona).

i Cati ha comprado la ropa que lleva hoy en el Corte Inglés.

ii Su top refleja la influencia de Latinoamérica.

iii Cati viajó por Latinoamérica con una amiga.

iv Fue a la universidad en Latinoamérica.

v Compró mucha tela en Cuzco.

vi A Cati le encantan los colores vivos.

vii El traje tradicional de Bolivia no tuvo influencia en Cati.

viii La colección de Cati consiste en prendas a estilo flamenco.

ix Los ponchos diseñados por Cati son muy caros.

x A Cati no le gusta demasiado el estilo flamenco.

c Ahora corrige las frases falsas de la actividad 2b.

d 💡 ¿Comprarías estos vestidos? (hoja de trabajo)

Unos andaluces vestidos de estilo flamenco

SOUTH AMERICA

Peru

Bolivia

SOUTH AMERICA

Argentina

SPAIN

Andalucia

Dos diseñadores españoles

Ágatha Ruiz de la Prada, una de las más famosas diseñadoras de ropa española, nació en 1960 en Madrid. Después de estudiar en la Escuela de Artes y Técnicas de la Moda de Barcelona, comenzó su carrera como diseñadora en 1981, presentando su primera colección en Local, Centro de Diseño. Sus diseños se distinguen por su modernidad: sus trajes llevan aros y cajas, y están adornados con estrellas, soles, lunas, y corazones, todo con colores vivos.

Presenta sus colecciones año tras año en las principales pasarelas del circuito mundial de la moda, y se le considera una de las diseñadoras de moda con el mayor número de seguidores incluyendo niños, jóvenes y adultos. Ya lleva veinte años conquistando a sus clientes; sus coloridas y peculiares creaciones casi siempre incluyen sus insignias preferidas. Hace un par de años lanzó una línea de vestidos de novia la cual fue recibida con mucho entusiasmo. Ágatha es una figura emblemática de 'La Movida Madrileña.'

Además de ropa, ha trasferido sus ideas a diseños de muebles (sillas, mesas, sofás), vajillas, alfombras, lámparas, material escolar (libretas, estuches, lápices, bolígrafos), colonias, ropa de cama, toallas, etc. Incluso ha diseñado portadas de discos y libros.

El diseñador de zapatos español *Manolo Blahnik* nació en 1942 en Santa Cruz de La Palma. Su apellido, que no parece típico de un español, viene de su padre checo, mientras su madre es natural de La Palma.

Empezó a estudiar arquitectura y literatura en Ginebra, pero tras un año abandonó los estudios para instalarse en París con la intención de estudiar arte. En 1970 se mudó a Londres, donde consiguió trabajo como fotógrafo del diario inglés, *The Sunday Times*. Rápidamente penetró en el mundo de la moda,

haciendo amistad con personajes como Eric Boman o Paloma Picasso. Ésta le presentaría en 1971 a Diana Vreeland, editora de Vogue USA; ésta, al final, le empujó hacia su futuro como diseñador de zapatos. Abrió su primera tienda de calzado, Zapata, en 1973, en Old Church Street en Chelsea, Londres.

Hoy día su línea de calzado de moda, una de las más prestigiosas y conocidas del mundo, lleva su nombre y sus zapatos son vendidos a precios entre 500 y 2500 dólares americanos.

3 a 💡 Identifica los hechos sobre los dos diseñadores.

b **Contesta a las siguientes preguntas en *español*.**

i ¿Cuándo empezó Ágatha a trabajar como diseñadora?
ii ¿A quiénes les gustan sus diseños?
iii ¿Por qué se ven sus diseños en muchas bodas?
iv Manolo, ¿por qué se fue a París?
v ¿Desde qué fecha tiene Manolo Blahnik su tienda en Chelsea?

c 💡🎧 **Escucha a Cati hablando de Prada. Cada una de las frases siguientes contiene un error. ¡Corrígelos!**

i Cati estaba leyendo un artículo sobre los deportistas españoles más importantes.
ii A Cati le gustan mucho los diseñadores del siglo pasado.
iii Dice que los diseños de Custo Barcelona casi no se venden.
iv A las señoritas elegantes les gusta llevar diseños de Custo Barcelona.
v Cati admira mucho a Ágatha Ruiz de la Prada, cuyos diseños se reconocen con dificultad.
vi En sus diseños Ágatha nunca usa colores vivos.
vii Las insignias características suelen ser de forma muy tradicional.
viii Al ver el trabajo de Ágatha, Cati olvida los estilos tradicionales de los Estados Unidos.

d 💡 Escribe un retrato de Cati. (hoja de trabajo)

Expresiones claves

el look
el lujo
un must
la ropa de marca
me encanta/chifla/mola
(no) te pega/te va/va contigo
(no) te veo con ello/(no) te queda bien
(no) es mi estilo
está de moda
es demasiado vestido/formal/informal/elegante
es espantoso/horrible/hortera
lo que se lleva esta temporada es/son ....
te queda bien/mal/guay/fatal/chulo
está impresionante
vas a arrasar/estás que arrasas

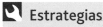 **Estrategias**

Planning your writing work

Planning a piece of writing is really a form of problem solving. Here are the stages:

■ establish **what the problem is** i.e. what question is the task title asking you?
■ decide on **your solution** to the problem
■ make notes of the **information** you have
■ decide and note down how you will **construct a clear explanation** of your solution
■ Check: **does your draft answer the question?**

💡 **Gramática**

Ser **or** *estar*?

Remember that in Spanish, you have to choose between the two verbs for 'to be'.

■ Use *ser* to say who/what someone or something is and refer to permanent characteristics.
■ Use *estar* to say where someone or something is, and to refer to a state or condition e.g. an emotion that is temporary.

C ¡Quiero parecerme así!

Vocabulario

citar *to quote*

la delgadez *slimness*

el desarrollo sexual *sexual development*

el foco *focus*

la gama *range*

incitante *provocative*

ocasionar *to bring about, cause*

orientado a *aimed at*

pintado *painted*

poblado de *full of*

la portada *front page/cover (e.g. of magazine)*

tragar *to swallow*

el varón *male*

1 ¿A cuál de las personas en el dibujo se refiere cada opinión?

- debería ir a la peluquería
- no me gustaría salir con ese tío
- no come bastante
- está obsesionada con su apariencia
- no le importa lo que piensan los demás de su imagen
- trata de parecerse sexy
- no la encuentro muy atractiva
- ¡ni borracho/a lo invitaría a salir conmigo!

2 a 💡🎧 Ana y Javi miran una revista. Escucha la conversación y contesta a las preguntas.

b Habla con un(a) compañero/a de clase sobre las revistas de moda que lee la gente a quien conoces.

- ¿Crees que de verdad tengan una influencia sobre lo que compramos, comemos y hacemos?
- ¿Conoces tú a una víctima de la moda?

¿Imágenes ideales o influencia peligrosa?

Según un estudio reciente, los medios de comunicación (televisión, vídeos musicales, música, revistas, películas, videojuegos e internet) tienen una influencia peligrosa en la autoestima y la salud mental de las chicas en particular y de los jóvenes en general.

Se observa la tendencia a presentar a las mujeres como objeto sexual, sobre todo en las campañas de promoción de productos dirigidos a las chicas. Los efectos negativos provocados en las chicas – y a veces en los chicos – se ven en la salud física y mental, y en el desarrollo sexual sano.

El estudio por los investigadores también sugiere que se presenta a las celebridades de forma que el foco de atención no es su talento sino su imagen, o sea su cuerpo y su sexualidad. Esto se ve sobre todo en la música popular y en el mundo del cine, así que en las revistas para adolescentes.

Según los investigadores, uno de los mensajes centrales de las publicaciones es que «presentarse como sexualmente deseable, y obtener así la atención de los hombres, debe ser el objetivo de las mujeres».

Los investigadores están particularmente preocupados por lo que ocurre con la ropa de niñas pequeñas: se invita a chicas en edades cada vez más tempranas a vestir ropa 'sexy'. Los cosméticos también se están dirigiendo a chicas cada vez más jóvenes.

Suelen tener una influencia parecida en los chicos, pero el informe observa que la televisión y el cine presentan un mundo desproporcionadamente masculino, poblado de personajes mayormente masculinos, especialmente en los programas orientados a la juventud. Aquí las chicas suelen vestirse de modo más atractivo y provocativo que los varones. Un alto porcentaje de vídeos musicales contienen imágenes eróticas, en las que las mujeres aparecen vestidas de forma provocativa.

En cuanto a internet, los investigadores citan un estudio sobre páginas web que suelen atraer a las chicas: las sobre celebridades masculinas y femeninas. Un análisis de su contenido reveló que las celebridades femeninas eran en la enorme mayoría representadas con imágenes sexualmente incitantes.

Todas estas influencias se combinan para ocasionar problemas de salud mental: desórdenes alimenticios, baja autoestima y depresión. La sexualización de los jóvenes y los sentimientos negativos hacia el propio cuerpo que provoca, pueden llevar a problemas mentales en la edad adulta, porque idealiza la juventud como la única edad buena y hermosa de la vida.

3 Lee el artículo.

a Contesta a las preguntas en inglés.

i Whose self-esteem and mental health can be badly affected by the media?

ii What image of women is often presented?

iii Where is this image of women presented most strongly?

iv What aspect of their image are young people encouraged to be concerned about?

v What concerns are expressed about very young children?

vi What are we told about the image of celebrities?

vii What two things are said about the presentation of men in films and television?

viii What sort of web pages are most popular with girls?

ix What types of mental problem can be caused by the negative influence of the media on young people?

x Why can the issue of image among young people affect them when they are older?

b 💡🖋 Haz lo necesario para completar las frases y la entrevista.

c 💡 Haz una discusión con un(a) compañero/a. (hoja de trabajo)

4 a 💡🎧 Escucha a los seis chicos (Paco, Luis, Raúl, Juan, Miki, Toni) y las cinco chicas (María, Adela, Usue, Cris, Elena). ¿Quién dice qué? Escribe los nombres.

Ejemplo: i Raúl

¿Quién dice que ...

i ... no le gusta que una chica diga palabras groseras?

ii ... quiere que su chico sea elegante?

iii ... no le gustan las chicas que se maquillan excesivamente?

iv ... prefiere los chicos que no tienen hábitos groseros?

v ... se enamoraría de una chica que tuviera una sonrisa bonita?

vi ... le gusta que un chico le dé regalos?

b 💡🎧 ¿Qué tienen en común los chicos y las chicas en lo que se refiere a las cualidades importantes en la pareja? ¿En qué se difieren? Copia la tabla y haz apuntes.

opiniones de los chicos sobre las chicas	opiniones en común sobre las parejas	opiniones de los chicas sobre los chicos
es importante ...	es importante ...	es importante ...
ser divertida	ser simpático/a	ser responsable

💡 Gramática

The subjunctive 'mood'

The subjunctive mood is used when there is some doubt about whether the action described actually happened or not: the implication is that it may not have happened, or may not happen.

Expresiones claves

¡Ojalá pareciera así!

a lo mejor sufre de la anorexia

puede que tengas razón

estar bien de salud

aun así

adelgazar

perder peso/kilos

¡me gustas tal y como eres!

estar obsesionado con

vestir a la última moda

la salud mental/física

si te parecieras a ella, no me gustarías nada

si te pusieras maquillaje, ¡no saldría contigo!

un desorden alimenticio

las campañas de promoción

🔑 Estrategias

Checking your written work

After completing the written task, do several 'runs' through your work checking methodically for the following points:

■ ... gender of nouns

■ ... agreement of articles, adjectives etc with nouns

■ ... verb forms, tenses – regular or irregular, spelling changes needed?

... whether subjunctive or not

■ ... agreement of verbs with subjects

■ ... issues like *ser/estar, por/ para*

■ ... spellings and accents

■ ... word order

Check your answers to activity 4c, using this checklist.

Now you should be able to:

■ consider the influence of fashion on lifestyle and leisure

■ discuss whether how we look defines who we are

■ discuss the cult of the celebrity and the desire to alter our image

Grammar

■ use the present subjunctive of regular verbs

■ use *ser* and *estar*

■ use the subjunctive 'mood'

■ use the subjunctive in conditional sentences

Skills

■ plan a discussion

■ plan your written work

■ check your written work

💡 ¡Haz la prueba!

1 Completa las frases usando el verbo apropiado: *¿ser* o *estar*?

Mi hermano .... muy estúpido; siempre .... un poco despistado. Anoche, salió sin sus llaves. Llegó a casa a las tres de la madrugada cuando todos .... acostados y no pudo entrar. ¡Tiene que aprender a .... más prudente!

2 Traduce la frase.

Si tuviera mucho dinero, compraría unos zapatos de Manolo Blahnik.

3 ¿A qué se refiere esta definición?

Lugar donde se presentan las nuevas colecciones.

4 Completa las frases usando verbos en el subjuntivo.

Quiero que mi novio me ...., y que no .... a otras chicas. Por eso, siempre me visto bien, ¡para que él .... ojos sólo para mí!

5 Completa las frases, poniendo los verbos en el imperfecto del subjuntivo.

Cuando era joven, mis padres querían que .... mucho en el cole, y que nunca .... de vestirme bien. Tampoco querían que mis hermanos y yo .... hasta muy tarde, ni que nos .... demasiado por la moda.

6 Escribe una definición de 'autoestima'.

7 Escribe una frase que tenga el mismo significado que la siguiente.

Me encanta la moda, y siempre trato de ver las colecciones cuando aparecen en la pasarela.

8 Rellena los espacios con palabras apropiadas.

La .... Ágatha Ruiz de la Prada es una de las más famosas de España. Desde que empezó, sus .... originales pronto atrajeron la atención, con sus .... características y sus colores ....

9 Escribe una frase que describe tu reacción a una pasarela.

10 Escribe una respuesta apropiada a esta opinión.

Para muchos, la imagen es demasiado importante.

AQA   Examiner's tips

Listening	Speaking	Reading	Writing
Check through spellings, especially accents.	Learn your vocabulary related to all topics.	Allow time at the end to check your answers.	Make sure your writing is always clear and legible.

La vida sana

7 El deporte y el ejercicio

By the end of this sub-topic you will be able to:

	Language	Grammar	Skills
A ¿Participante o espectador?	■ describe the role of sport in your life, options and facilities	■ use the conditional tense	■ make negative statements
B El deporte y la salud	■ discuss extreme sports and the benefits of playing sports	■ use adverbs and adverbial phrases	■ give reasons, explain benefits, persuade
C El deporte para todos	■ discuss popular sports and sport for people with disabilities	■ use verb + infinitive constructions	■ use a range of idiomatic impersonal expressions

¿Lo sabías?

■ Más de la mitad de los españoles afirman interesarse en el deporte, pero los dos tercios (62.8%) no practica ninguno. Casi la mitad (48.9%) de los que sí practican deporte lo hace 3 o más veces por semana y el 37.3% una o dos veces por semana.

■ Las actividades deportivas que más practican los españoles son la natación (32.2%), el fútbol y el fútbol sala (31.7%). el ciclismo (18.7%), el ejercicio de estilo aeróbic (11.7%) y la carrera a pie (jogging) (11.1%).

■ Además de ser una manera de mantenerse en forma, muchos españoles ven el deporte como una válvula de escape para liberar saludablemente la agresividad y el mal humor.

■ La principal razón por la que los españoles abandonan la práctica del deporte es que salen muy cansados y muy tarde del trabajo. Casi un 10% confiesa que lo abandonan simplemente por pereza.

Actividad preliminar

1 Haz una lista de todos los deportes que conoces en español.

2 ¿Sabes qué deporte hacen estos españoles?
Raúl González Blanco
Gemma Mengual
Pau Gasol
Rafael Nadal
Julián López Escobar
Laia Sanz
Sergio García
Dani Pedrosa
Marta Domínguez

3 ¿Cuántos jugadores hay en un equipo de … ?
fútbol
baloncesto
waterpolo
voleibol

A ¿Participante o espectador?

Vocabulario

Actividades

el balonmano *handball*
el culturismo *bodybuilding*
la escalada *climbing*
la halterofilia *weightlifting*
el montañismo *mountaineering*

Otro vocabulario

adelantar *to speed up, to advance a process*
al cabo de *after, at the end of*
(ser) cada vez mayor *to get ever greater*
cotidiana *everyday, daily*
debilitar *to get weak*
por desgracia *unfortunately*
el envejecimiento *ageing*
la fuerza *strength*
las instalaciones *facilities*
a corto/largo plazo *in the short/long term*
propenso a *susceptible to*
suave *gentle*

1 Con los deportes en las imágenes, otros deportes que ya conoces, y la ayuda del diccionario, escribe tres listas:

i   los deportes que practicas
ii   los deportes que ves como espectador
iii los deportes que ves en la televisión

2 a 💡🎧 ¿Qué hacen? ¿Qué les gustaría hacer? Escucha a las seis personas y contesta a las preguntas.

b 💡🎧 Contesta brevemente a estas preguntas en español.

i   ¿Cómo son los amigos de Raúl?
ii   ¿Cuál es la actitud de Manuel hacia el deporte?
iii ¿Qué es lo que motiva a Gemma a ir al gimnasio?
iv   ¿Cómo le ayuda a Ernesto su perro?
v   ¿Por qué no tiene energía Lucía?
vi   ¿Qué deportes hacía Alicia en su juventud?

c 💡 ¿Cuáles son sus motivos para practicar el deporte?

d 💡 ¿Con qué frecuencia practicas o ves el deporte? (hoja de trabajo)

¿No practicas nunca deporte? ¿Tampoco haces ejercicio físico? ¿No te puedes alejar de la pequeña pantalla? ¿Ni siquiera te levantas del sofá? ¡Ojo! ¡El sedentarismo amenaza tu salud! El doctor Pérez nos explica los peligros.

> *Hipócrates* (460-377 B.C.), *el maestro de la medicina, dijo: 'lo que se utiliza se desarrolla, lo que no se utiliza se atrofia'.*

A diferencia de las máquinas, que se desgastan, los organismos vivos aumentan su capacidad de adaptación cuanto más usan sus órganos. Por el contrario, cuando no se utilizan todas las estructuras orgánicas, los tejidos se reducen y debilitan.

Si por una fractura, por ejemplo, se inmoviliza una pierna, al cabo de unas semanas ésta habrá perdido buena parte de su masa muscular y casi toda su fuerza, lo que obligará a un proceso de rehabilitación.

Cuando esta falta de actividad llega a ser una condición permanente, se conoce como sedentarismo. En un individuo sedentario, la proporción de grasa es cada vez mayor en relación con los demás tejidos, aunque no necesariamente haya aumentado de peso, debido a la disminución de la masa muscular. Los músculos del cuerpo tienden a aplanarse, a perder fuerza y a endurecerse si no se los trabaja correcta y periódicamente. Lo mismo ocurre con la flexibilidad: hay que ejercitarla si no queremos perderla.

La actividad física involucra a todos los sistemas y no sólo al aparato muscular. El sedentarismo acarrea también disfunciones orgánicas: estreñimientos, várices, artritis, propensión a la inflamación de los órganos abdominales, sensación de fatiga.

El sedentarismo también adelanta el envejecimiento neurológico. Observe a personas mayores que caminan mucho, hacen gimnasia, trabajan y se mueven todo el día y luego a inactivos contemporáneos de éstos, que se sientan a mirar televisión y dan apenas los pasos imprescindibles para satisfacer sus necesidades. Verá que la diferencia física (e incluso la mental) es notable.

¿A qué te esperas? No seas víctima del sedentarismo. ¡Anímate! ¡Levántate! ¡Muévete! ¡Nunca es demasiado tarde para cambiar de rutina!

3 a Busca el español.

i atrophies
ii they wear out
iii tissues
iv to harden
v causes, leads to
vi involves

b Lee las sigientes frases y escribe V (verdadero), F (falso) o N (no se menciona).

i Hipócrates no sabía nada del sedentarismo.
ii Los músculos deterioran si no se ejercitan.
iii Puedes acumular grasa sin ganar peso.
iv Haciendo ejercicio ayuda a mantener la flexibilidad.
v Muchas personas sufren del estreñimiento.
vi Se recomienda a la gente mayor evitar las actividades físicas.
vii Las personas sedentarias envejecen más pronto.
viii El artículo dice que si ya eres sedentario, no vale la pena cambiar de rutina.

c ¿Qué harías … ? Escribe frases diciendo qué harías en estas circunstancias:

- si tu médico te dijera que eras demasiado sedentario?
- si quisieras ponerte en forma?
- si tuvieras más tiempo?
- si pudieras aprender un nuevo deporte?
- si no hubiera piscina en tu pueblo?
- si tu amigo no hiciera más que ver la tele?
- si fueras ministro/a de deporte?
- si tu hijo fuera adicto a los videojuegos?
- si te tocara la lotería?

4 a 💡🎧 Escucha la conversación en la que Merche trata de convencerle a su marido Mario para que haga más ejercicio. Contesta a las preguntas.

b 💡 Haz un resumen de la conversación bajo estos dos títulos:

Lo que propone la mujer	Las excusas del marido

c 💡 Escribe un mensaje al foro de opinión de tu Ayuntamiento. (hoja de trabajo)

5 Escribe dos párrafos sobre el deporte y el ejercicio. Menciona:

i las actividades que haces ahora
ii las actividades que harías

- si estuvieras en buena forma física
- si tuvieras más tiempo
- si tuvieras más dinero

Expresiones claves

compartir una afición, un interés

me cuesta motivarme

me divierto … viendo la tele, practicando deporte, haciendo ejercicio

no me queda la energía ni siquiera para ir de paseo

hacerse una herida … en la rodilla, en la espalda, en la mano

a mí no me interesa nada arriesgarme la salud

ni siquiera sales a pie

tampoco me atrae ni el squash ni el balonmano

no me apetece … la escalada/hacer montañismo

🔥 Estrategias

Negatives

■ You should know these negative words:
no, nada, nadie, nunca, ni … ni …, tampoco, ni siquiera

■ *Ningún, ninguna, ningunos, ningunas* have to agree with their noun: *Yo **no** hago **ninguna** forma de ejercicio.*

■ Remember that in Spanish you need to be able to handle double negatives.

💡 Gramática

The conditional tense

■ You use the conditional tense to talk about what would/could (not) happen: *Me **encantaría** hacer más ejercicio.*

■ You need the conditional tense even when the **condition** ('if' clause) is not stated explicitly but is just implied: *No **podríamos** vivir sin deporte.* (implying the condition 'if we had to try').

■ The conditional is also used in **reported or indirect speech**: Manuel reports what his teacher said to him:
*Me dijo que **tendría** problemas de salud.*

B El deporte y la salud

Deportes Extremos

El deporte extremo es la práctica de una actividad de alto riesgo, que crea sensaciones y emociones que se viven al máximo, generan adrenalina y se desarrollan al aire libre.

El salto en bungee consiste en lanzarse desde alturas sorprendentes con los tobillos atados a una cuerda elástica. La intrépida persona que decida tirarse tiene que contar con una buena condición física y por supuesto no tenerle miedo a las alturas.

El paracaidismo consiste en lanzarse desde una avioneta y descender en caída libre.

Quienes practican esta actividad, lo hacen muchas veces para vencer el miedo

a las alturas, para desestresarse o vivir nuevas experiencias.

El parapente (ala delta) es una forma de paracaidismo pero el despegue se hace desde una montaña de frente a los vientos dominantes. El parapente es un paracaídas dirigible que cuenta con dos cuerdas que permiten planear haciendo movimientos de rotación y traslación. La persona tiene mucho más tiempo para planear y se encuentra en una posición semisentada.

La escalada libre consiste en descender paredes naturales o artificiales muy altas, con pendientes muy prolongadas. Trae grandes beneficios para la salud tanto físicos como mentales. Se necesita suficiente preparación física para facilitar los ascensos y se tiene que estar bien concentrados para poder llegar a la cima y disfrutar de los bellos paisajes que se observan desde las alturas.

El surfing es una actividad que se realiza con una tabla sobre las olas que rompen a su paso. Los expertos en surf dicen que cuando se está sobre las olas se desactiva la parte racional del cerebro, dejando al surfista reaccionar instintivamente. El contacto directo con la fuerza del mar y del viento ofrece unas emociones muy espirituales.

El rafting (descenso en ríos) consiste en recorrer el cauce de los ríos rápidos en dirección de la corriente sobre una balsa, una canoa o un kayak, que puede ser rígido o inflable. Las aguas blancas son turbulentas pero predecibles. Se pueden encontrar olas de hasta dos metros y cascadas en donde se debe navegar con mucha precaución, muy buena técnica y conocimiento del río. Existen también pasos estrechos en donde se necesita poner en marcha técnicas complicadas.

Desde luego existe un margen de riesgo en todos estos tipos de deportes y por eso es sumamente importante recibir la orientación y ayuda de los expertos.

Vocabulario

ahogarse *to drown*
una balsa *a raft*
la caída libre *free-falling*
confiar en *to have confidence in*
la escalada libre *climbing*
fiarse de *to trust*
fichar *to sign*
el paracaidismo *sky diving*
el parapente, el ala delta *hang gliding*
una pendiente *a slope*
resfriarse *to catch a cold*
el salto en bungee *bungy jumping*
una tabla *a board*
vencer *to overcome*

1 a 💡 Lee el artículo y haz las actividades.

b Contesta a las preguntas en español.

  i ¿Qué tipo de sensación crean los deportes extremos?

  ii ¿Qué tipo de persona no debería hacer el salto en bungee?

  iii ¿Cuál es la principal diferencia entre el paracaidismo y el parapente?

  iv ¿Por qué trae beneficios mentales la escalada libre?

  v ¿Qué le pasa al cerebro de los surfistas?

  vi ¿Cómo se llaman las aguas turbulentas de los ríos rápidos?

  vii ¿Qué se debe hacer antes de practicar deportes extremos?

2 💡🎧 Manuel Estiarte, 'el delfín goleador', es considerado como uno de los mejores jugadores de waterpolo de todos los tiempos. Escucha la entrevista.

3 a 💡🎧 ¿Sabrías discutir los beneficios y los riesgos de las actividades deportivas? Escucha la entrevista. (hoja de trabajo)

b Escribe las preguntas que hayan invitado las respuestas siguientes:

i Trato de hacerlo dos o tres veces a la semana.

ii Me gustaría, pero tengo miedo a las alturas.

iii Creo que aquellos individuos son locos.

iv Puedes mantenerte en forma y conocer a gente nueva.

v Prefiero verlo en la televisión.

c 💡🎧 Escucha la entrevista con un experto que da una clase sobre las lesiones deportivas y busca el equivalente en español para estas expresiones en inglés.

i both recreational and competitive

ii excessive pressure

iii not only … but also …

iv a better quality of life

v below this level

vi to analyse carefully

vii a long period of inactivity

viii should be done progressively

ix to improve performance

x gradually, slowly

d 💡🎧 Haz un resumen de lo que dice el experto bajo los siguientes títulos.

Ejemplo: _____

Pueden ser el resultado de un accidente o de presión excesiva sobre un hueso o una articulación.

_____

- Las causas de las lesiones deportivas
- La mejor manera de evitar lesiones
- Las demandas de las actividades deportivas
- La función de los ejercicios de calentamiento
- La última fase del calentamiento
- Por qué son imprescindibles los ejercicios de enfriamiento

e 💡 Has decidido hacerte socio de un nuevo club deportivo. Escribe por email a tu amigo/a para invitarle a acompañarte. (hoja de trabajo)

Expresiones claves

crea sensaciones que se viven al máximo
una actividad de alto riesgo
no tenerle miedo a las alturas
tanto físico como mental
se desactiva parte del cerebro
un margen de riesgo
entregarse con entusiasmo
hacer realidad tus sueños
romperse una pierna

Vocabulario

una articulación *a joint*
el calentamiento *warm-up*
cumplir (una función) *to fulfil (a function)*
el enfriamiento *cool-down*
el esquema *scheme, programme*
el estiramiento *stretching*
la fase *phase*
de forma paulatina *gradually*
un hueso *a bone*
una lesión *an injury*
padecer *to suffer*
el rendimiento *performance*
el reposo *rest*
la sobrecarga *excessive pressure*

💡 Gramática

Adverbs and adverbial phrases

- Adverbs and adverbial phrases describe the way in which something is done.
- Simple adverbs in Spanish are often easily recognised by their -*mente* ending.
- But adverbial expressions are at least as common as single-word adverbs: *con entusiasmo, al máximo.*

Estrategias

Giving reasons and explaining benefits

There are certain key ways to give reasons for, and explain the benefits of doing something. For example:

- explaining reasons and causes for (doing) something, using *debido a*
- explaining the benefits and purposes of (doing) something, using *para*
- persuading someone into action, using *si* and subjunctive.

El deporte para todos

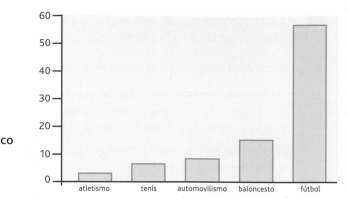

Vocabulario

adivinar *to guess*

el árbitro *the referee*

el automovilismo *motor racing*

coincidir *to agree*

desplazarse *to move about*

disputar *to compete for*

inaugurarse *to be established*

incluso *including, even*

inscribir *to register, enrol*

la normativa *the rules*

el palmarés *list of achievements, titles*

promover *to promote*

Expresiones claves

los discapacitados físicos

poseer la pelota

una falta técnica

quedarse sentados

cual sea su edad

tener el récord mundial

un espectador pasivo

jugar en equipo

ser incluido/excluido

beneficiarse de

superar las dificultades

desarrollar su potencial

aumentar su autoestima

1 Mira el gráfico y busca las dos frases falsas.

a   El baloncesto es más popular que el tenis.

b   El automovilismo es tan popular como el fútbol.

c   Los que prefieren el atletismo son la minoría.

d   El fútbol es mucho más popular que cualquier otro deporte.

e   El tenis es casi tan popular como el fútbol.

f   Más de la mitad de los espectadores ven el fútbol.

2 a   🔦🎧 Vas a oír información sobre la Liga española de fútbol. Busca el español.

i   compete annually during the season

ii   a first division of 20 teams

iii   the best league in the world

iv   only 9 clubs have won the tournament

v   awards various annual prizes

vi   the highest scoring player of the season

vii   the goalkeeper who has let in the fewest goals

viii   qualifies to challenge for the cup

ix   each club can register 25 players in the league

x   players from the nations of countries outside the EU

b   🔦🎧 Escucha la información sobre 'La Liga' y haz las actividades.

3 🔦 Elena y Cristina están 'chateando' en línea. Lee sus comentarios y haz las actividades.

4 Lee el artículo y contesta a las preguntas.

Baloncesto para todos

La Liga Nacional de Baloncesto en Silla de Ruedas de España permite a los discapacitados físicos disfrutar de este deporte. Unas adaptaciones han sido introducidas en el baloncesto en silla de ruedas para poder combinar las reglas clásicas del baloncesto con los impedimentos físicos de los participantes. La cancha y la canasta siguen iguales.

La silla de ruedas

La silla de ruedas es el medio mediante el cual los jugadores con minusvalía física se desplazan cuando juegan al baloncesto. Estas sillas tienen que poseer unas medidas mínimas permitidas, las cuales no deben ser rebasadas. La altura del asiento no debe superar los 53 centímetros. Las ruedas grandes, es decir las traseras, han de tener un diámetro máximo de 66 centímetros. El número de ruedas puede variar, entre las tres y las cuatro, dispuestas de la siguiente manera: dos grandes traseras y una o dos pequeñas en la parte delantera.

Diferencias con el baloncesto FIBA*•

- Las principales diferencias con el baloncesto FIBA vienen del hecho de que los jugadores se desplazan sobre el parqué con una silla de ruedas. La normativa dice que solamente las ruedas pueden tocar la cancha cuando el jugador posea el balón.

- En el baloncesto FIBA no se permite tocar con el cuerpo alguna de las líneas que delimitan el campo mientras posee la pelota. El baloncesto para discapacitados físicos mantiene la misma regla pero en lugar del cuerpo es la silla.

- También está prohibido levantarse de la silla para conseguir la pelota y el árbitro tiene que castigar esta acción con una falta técnica.

- Una de las jugadas más habituales en el baloncesto también tiene su equivalente en el baloncesto en silla de ruedas. En el baloncesto FIBA un jugador no puede dar más de dos pasos una vez ha dejado de botar la pelota. En el baloncesto para disminuidos físicos, un jugador con posesión de pelota no puede dar más de dos impulsos a la silla sin botar o pasar la pelota.

*FIBA =Fédération Internationale de Basketball Amateur: el organismo internacional que regula el baloncesto

a Busca el español.

i disabled
ii a wheelchair
iii a court
iv a basket
v players with a physical disability
vi exceeded
vii the height of the seat
viii the back wheels
ix to bounce
x to propel the wheelchair

b Lee las siguientes frases y escribe V (verdadero), F (falso) o N (no se menciona).

i La gente con minusvalía física no pueden jugar al baloncesto.
ii El baloncesto en silla de ruedas se juega en una cancha especial.
iii Las sillas de ruedas deben conformarse con ciertas medidas.
iv Según la normativa, las sillas de ruedas deben tener dos ruedas grandes.
v Cuando el jugador posea el balón, puede tocar la cancha con la mano.
vi El baloncesto para discapacitados físicos es un deporte olímpico.
vii No se permite a los discapacitados físicos poseer la pelota.
viii En el baloncesto FIBA los jugadores se desplazan sobre el parqué a pie.
ix Los jugadores deben quedarse sentados en la silla durante el partido.
x En el baloncesto para disminuidos físicos el jugador puede botar la pelota.

5 a Escoge un(a) deportista español(a) y busca información sobre él/ella en internet. Luego rellena esta ficha personal con sus datos. (hoja de trabajo)

b Preséntate como si fueras un deportista famoso pero sin decir cómo te llamas. Tus compañeros tienen que adivinar tu identidad. (hoja de trabajo)

Gramática

Verbs + infinitives

- There are many common verbs that can be used together with a second verb: *querer, poder, tener que, soler, gustar, ir a, permitir, odiar, detestar, deber.*
- The first verb is conjugated according to the subject of the sentence. The second verb is always in the **infinitive**.

Estrategias

Some idiomatic expressions with impersonal verbs

There are some verbs in Spanish that are used 'impersonally' and have no direct equivalent in English.

basta saber que … *it's enough to know that …*
lo que **importa** es… *what's important is…*
queda mucho por hacer *a lot remains to be done*
sobra mucha comida *there is a lot of food left over*
no **vale** la pena *it's not worth it*

Now you should be able to:

- describe the role of sport in your life, options and facilities
- discuss extreme sports and the benefits of playing sports
- discuss popular sports and sport for people with disabilities

Grammar

- use the conditional tense
- use adverbs and adverbial phrases
- use verb-plus-infinitive constructions

Skills

- make negative statements
- give reasons, explain benefits, persuade
- use a range of idiomatic impersonal expressions

¡Haz la prueba!

1 Completa la frase utilizando un adverbio apropiado.

Si quieres hacer el paracaidismo, es vital preparar tu equipo …………

2 Escribe una definición de 'un sedentario'.

3 Completa la frase con el adjetivo y el verbo impersonal.

Es ………… viajar a la ciudad para jugar al squash porque en este pueblo ………… instalaciones deportivas.

4 Traduce la frase.

Para llegar a ser futbolista profesional, hay que entrenar con seriedad.

5 ¿A qué se refiere esta definición?

Es un deporte de equipo que se juega con una pelota en el agua.

6 Rellena los huecos con una palabra negativa apropiada.

El aeróbic ………… es una actividad para mí. ………… se me ha dado bien el deporte, no tengo ………… interés en hacer ejercicio y ………… me convencerá que yo lo haga.

7 Escribe una frase que tenga el mismo significado que la siguiente.

Sería mejor prohibir los deportes extremos porque conllevan demasiados riesgos.

8 Rellena el hueco con la forma correcta del verbo poder.

Si estuviera en forma, ………… correr más rápido.

9 Completa la frase con una palabra adecuada.

Para evitar lesiones, es imprescindible antes de empezar una actividad física hacer ejercicios de …………

10 Escribe una respuesta apropiada a esta opinión.

¿Para qué sirve gastar dinero haciéndose miembro de un club deportivo?

AQA Examiner's tips

Listening

Beware of false friends! Make sure you know the meaning of *constipado, embarazada, éxito, pretender, realizar, sensible.*

If you are struggling to understand a word, write it down as it sounds. Spanish is very phonetic and seeing a word in written form might help you to work out the meaning.

Speaking

Build up a list of connecting phrases for structuring your answers. Check that you know the Spanish equivalents of e.g. firstly, secondly, lastly; in addition; on the one hand…on the other hand.

Look for clues on the card. Link text and pictures.

Reading

Pay attention to figures in the text. They may be required in your answers.

Remember that to give a correct answer you do not necessarily need to understand every word.

Writing

Check that as you develop your answer, it continues to focus on the question set.

Pay particular attention to your use of *ser* and *estar*, *por* and *para*.

La vida sana

8 La salud y el bienestar

By the end of this sub-topic you will be able to:

	Language	Grammar	Skills
A **Una dieta sana**	■ discuss diets, healthy eating and eating disorders	■ use radical-changing verbs	■ use appropriate language to make judgements and recommendations
B **El tabaco, el alcohol y las drogas**	■ discuss health risks, addictions and breaking the habit	■ use the pluperfect tense	■ –
C **Una vida equilibrada: trabajo y ocio**	■ discuss work-related problems and stress, how to achieve a good work/life balance	■ use reflexive verbs	■ give reasons for and against

¿Lo sabías?

■ Según sondeos recientes, el 41% de la población española se está olvidando de la dieta mediterránea y sólo el 54% de los españoles tiene una dieta adecuada. El 50% de los adultos y el 28% de niños tienen sobrepeso y el 16% de los niños padecen obesidad.

■ El 24% de los españoles fuma ahora y otro 25% ha fumado en el pasado. El 33% dice haber empezado a fumar a los 15 años o menos y un 39% empezó entre los 16 y 18 años. Un 66% de los fumadores españoles dice que les gustaría dejar de fumar.

■ En España más del 6% de la mortalidad total ocasionada por tumores, cirrosis y otras enfermedades están relacionadas con el alcohol. La bebida es responsable del 40% de los accidentes de tráfico, con más de dos mil muertos al año.

■ Desde 1999, el consumo de cocaína en España se ha duplicado mientras que se ha frenado el consumo de canabis. El 43% de los españoles considera que es fácil conseguir sustancias ilegales.

Actividad preliminar

¿Tu estilo de vida favorece el bienestar físico y mental? Haz este pequeño test. Elige a, b o c según tu propio estilo de vida.

1 ¿Comes cinco porciones de fruta y verdura al día?
- a Sí, todos los días
- b Trato de hacerlo, pero no siempre lo consigo
- c No me importa

2 ¿Comes comida rápida?
- a Nunca, la comida rápida es comida basura
- b De vez en cuando
- c Más de tres veces por semana

3 ¿Estás contento/a con tu peso?
- a Sí, me considero normal
- b Me gustaría perder unos kilitos
- c Siempre estoy a régimen

4 ¿Fumas?
- a Nunca, es un hábito asqueroso
- b De vez en cuando, soy un fumador 'sociable'
- c Sí, con regularidad

5 ¿Bebes alcohol?
- a En ocasiones epeciales
- b Una o dos unidades al día
- c Me gusta emborracharme los fines de semana

6 ¿Te sientes estresado/a?
- a Soy una persona bastante calma
- b Solamente cuando tengo exámenes o algo similar
- c Sí, casi siempre

A Una dieta sana

Vocabulario

el almíbar *syrup*

la bollería *cakes, buns*

una cabra *a goat*

casero *home made, made on the premises*

las chucherías *sweets, treats*

el combustible *fuel*

(semi)desnatado *(semi)skimmed*

las hortalizas *vegetables*

los lácteos *dairy products*

las legumbres *pulses (peas, beans)*

negarse a *to refuse to*

picotear *to nibble*

rollizo *chubby, plump*

la sandía *watermelon*

1 💡 Los expertos dicen que la dieta mediterránea es la mejor, pero muchos jóvenes hoy en día prefieren la comida rápida. Haz las actividades para ver si sabes distinguir entre las dos.

2 Lee el artículo y contesta a las preguntas.

Aprender a comer con los colores

Identificar con un color cada grupo de alimentos puede ayudar a los niños a llevar una dieta variada y equilibrada.

El organismo necesita más de cuarenta nutrientes para mantenerse sano. Como ningún alimento los contiene todos a la vez, la solución está en comer variado para que cada uno aporte su calidad nutritiva. Según los nutrientes que contiene cada alimento y la función que desarrollan en el organismo se forman varios grupos.

La rueda de los alimentos es un recurso didáctico promovido por el Ministerio de Sanidad para enseñar a los niños la importancia de una dieta sana, equilibrada y, sobre todo, variada. Se trata de enseñar a los niños a comprender la importancia de comer de todo, ya que en una sola imagen, en varios colores, se reflejan los diferentes grupos de alimentos y las funciones que desempeña cada uno de ellos.

Un arco iris en el plato

Función	Nutriente	Alimento
Energética	Grasas	Aceites, mantequilla y grasas en general
	Hidratos de carbono	Farináceos: Cereales y derivados (arroz, pan, pasta, cerales de desayuno) y patatas.
		Azúcar, refrescos, dulces y bollería
Plásticos	Proteínas	Lácteos: leche, queso, yogur
		Carnes, pescados y huevos, legumbres y frutos secos
Reguladores	Vitaminas y minerales	Frutas, verduras y hortalizas

El aspecto de la comida es lo que invita a comer, especialmente para los niños. Así que una cena compuesta por un puré de patata, una tortilla francesa y un flan no resulta atractiva, debido a su color amarillento y su consistencia blanda. En cambio, si se combinan todos los grupos de alimentos se obtienen platos muy coloridos, con una presencia muy agradable que anima a probarlo. Así, cuanta más variedad de colores tenga cada plato mayor será el aporte nutritivo de cada uno de ellos. De esta forma, se asegura que en la dieta se incluyan todos los grupos de alimentos.

www.consumer.es EROSKI

a Busca el español.

i   to have a varied diet
ii   to stay healthy
iii the solution is to eat a varied diet
iv   the wheel of foods
v   a teaching resource
vi   to eat anything
vii the functions it fulfils
viii very colourful dishes
ix   that encourages you to taste it
x   the nutritional value

b 💡 ¿Qué sabes sobre lo que comes?

3 a 💡🎧 Escucha a las cuatro personas que hablan de la dieta. Presta atención a las expresiones siguientes. ¿Cómo se dicen en inglés? Busca en el diccionario si es necesario.

i   cuando me dé la gana
ii   no soy obeso para nada
iii me pongo a régimen
iv   me desanimo
v   me comería un toro
vi   empiezo a picotear
vii me hacen mucha gracia
viii no es nada nuevo
xi   se niega rotundamente a …
x   con lo que cuesta hoy

b 💡🎧 Escucha otra vez y haz las actividades.

4 a 💡🎧 Escucha los ocho consejos y apunta lo esencial de cada uno en inglés.

b 💡🎧 Escucha otra vez y empareja cada uno con la persona a la que corresponde.

Ejemplo: 1 Alvaro

- Raquel worries about her husband's drinking
- Felipe is in training for a marathon
- Soledad is concerned that her son eats too much junk food
- Alvaro needs to lose weight
- Vicente is worried about having a heart attack
- Claudia wants her family to eat more fruit and veg
- Tomás wants to avoid processed food
- Rosa wants her children to get into good eating habits

5 Discute con tu pareja sobre lo bueno y lo malo de los seis postres. (hoja de trabajo)

6 Si tú fueras psicólogo, ¿podrías dar consejos prácticos a una persona que come mal? (hoja de trabajo)

💡 Gramática

Radical-changing verbs

These verbs change their stem (which is why they are also called stem-changing verbs) in the present tense.

Expresiones claves

una dieta variada y equilibrada
comer de todo
cuando me dé la gana
no soy obeso para nada
me pongo a régimen
caer en el alarmismo
trastornos alimentarios
no quiero engordar
tengo que cuidarme la línea

Carta de postres

melocotón en almíbar
yogur desnatado
flan con nata
tarta de chocolate
copa de helado
sandía

🗨 Estrategias

Making judgements and recommendations

- There are several constructions you can use to state recommendations and judgements. You can use *deber* with an infinitive: **Deberíamos tratar** …

- Or you can use impersonal expressions followed by an infinitive: **Es aconsejable reducir** …

- Some impersonal expressions can be followed by a noun: *Es imprescindible una dieta sana.*

- You can also give direct instructions using the imperative: **Come** *más fruta,* **No bebas** *alcohol.*

El tabaco, el alcohol y las drogas

Vocabulario

el alquitrán *tar*

asqueroso *disgusting*

un cachi *(slang) a plastic cup*

una caladita *(slang) a 'drag', a puff*

un calimocho *red wine mixed with cola*

el chicle *chewing gum*

un colega *(slang) a mate*

emborracharse *to get drunk*

un emilio *an email*

envenenarse *to poison oneself*

menos mal que *it's a good job that …*

una multa *a fine*

repugnar *to disgust*

el síndrome de abstinencia *withdrawal symptoms*

tener una resaca *to have a hangover*

1 Aquí tienes los motivos que dan algunos jóvenes para fumar, beber alcohol o tomar drogas. ¿Puedes emparejar cada uno con un consejo apropiado?

Me ayuda a relajar.

Estoy enganchado, es imposible dejarlo.

Es una actividad sociable.

Creo que el riesgo es exagerado, no soy realmente adicto.

Me quita el apetito y quiero adelgazar.

Todos mis amigos lo hacen.

- Los peligros son bien conocidos, y es muy facil engancharse sin saberlo.
- Más vale perder peso comiendo una dieta sana y haciendo deporte; ¡así puedes estar delgado y sano!
- Puedes consultar con el farmacéutico o buscar ayuda profesional
- Para algunas personas sí, pero emborracharse suele llevar a comportamientos antisociales
- No debes siempre seguir el ejemplo de los demás. Haz tus propias decisiones.
- Hay muchas maneras más saludables de relajarse como el yoga, la natación etc.

El Botellón

El jueves me desperté hecho un zombi total. ¡Menuda resaca tenía! La noche anterior había estado en el botellón más grande de todos los tiempos. Sabía que iban mis colegas porque había recibido un emilio de Manolo. Primero le había dicho que yo no podía ir porque mis padres ya estaban enfadados conmigo porque, en la boda de mi prima Isabel, me había emborrachado. Pero entonces Luisa también me había mandado un mensaje de texto animándome a salir con ellos. Entonces, por fin me fui.

Pero todo salió mal. Había bebido varias cachis de calimocho y luego habíamos empezado a jugar al Quinito (es un juego que consiste en hacer que los adversarios beban más que tú) cuando llegó la policía y nos mandaron a todos a casa. Menos mal porque íbamos perdiendo el partido ¡ji ji! En defensa propia, quiero apuntar que no había tomado alcohol desde hace unas semanas debido al incidente en la boda. No recuerdo todos los detalles del botellón pero parece que, al llegar a casa, vomité en la cocina. Bueno, hace ya tres días que mi padre no me habla. Y ahora, me han prohibido salir durante dos semanas.

Hasta pronto – ¡por emilio!

Rafa

2 Contesta a las preguntas brevemente en inglés.

    i   When had Rafa gone to the botellón?

    ii   How did he know that his friends were going?

    iii Why were his parents already angry with him?

    iv What had he drunk before the arrival of the police?

    v   What were they doing when the police arrived?

    vi What does he say in his own defence?

    vii What happened when he got home?

    viii How did his father react?

3 a 💡🎧 Escucha lo que dicen Ana, Ricardo, Teresa y Jorge sobre el fumar y contesta a las preguntas brevemente en español.

    i   ¿Hace cuánto tiempo que Ana dejó de fumar?

    ii   ¿A qué se ha hecho adicta Ana ahora?

    iii ¿Desde hace cuánto tiempo no fuma Ricardo?

    iv ¿Cómo resiste Ricardo las tentaciones pasajeras?

    v   ¿Cómo se siente Teresa cada vez que fuma un cigarrillo?

    vi ¿Cuántos cigarrillos fumaba Jorge cada día?

    vii ¿Qué hace Jorge ahora cuando tiene ganas de fumar?

  b 💡🎧 Escucha otra vez y elige las respuestas correctas.

  c 💡 Imagina que una amiga tuya ha dejado de fumar. Prepárate para hablar de cómo ha cambiado su vida. (hoja de trabajo)

4 💡 Lee el artículo sobre la ley antitabaco y haz las actividades.

5 a En la Actividad 5b, vas a escribir unos párrafos sobre las drogas. Primero a ver si sabes qué es el equivalente en inglés de estas expresiones. Haz dos listas: el español y el inglés.

    i   se sienten   ix pegamento

    ii   se ingieren   x   esnifar

    iii visión borrosa   xi hojas secas

    iv se inhala   xii píldoras

    v   se inyecta   xiii poderoso

    vi calambres   xiv sudoración

    vii escalofríos   xv sobredosis

    viii polvo

  b 💡 Ahora escribe unos párrafos. (hoja de trabajo)

■ Expresiones claves

me ayuda a relajar

estoy enganchado

me quita el apetito

suele llevar a comportamientos antisociales

consultar con el farmacéutico

estuve con un mono espantoso

me siento culpable

sigo extrañando una caladita/una cigarrillo/una bebida

me pongo de mala leche

💡 Gramática

The pluperfect tense

■ We use the pluperfect tense to say what **had** happened.

Like the perfect tense, the pluperfect is a **compound** tense (in two parts, auxiliary *haber* + past participle). However, as in English there's one important difference.

■ The **perfect** tense uses the **present** tense of *haber*.

■ The **pluperfect** tense uses the **imperfect** tense of *haber*.

Desde hace **and** *hace … que*

■ To say how long something **has been going on** use *desde hace* with a period of time.

■ To say how long it is **since something happened** put *hace* before the period of time and *que* before the verb.

C — Una vida equilibrada: trabajo y ocio

Expresiones claves

trabajo por mi cuenta

gano un sueldo impresionante

no tengo horario fijo

trabajo horas antisociales

lo que pasa es que ...

cuando me jubile ...

trabajo a tiempo parcial

acabo de dar a luz

nunca me he planteado hacer otra cosa

no entienden lo difícil que es

para poder hacerlo todo

1 Cuatro personas escriben sobre su vida laboral. Empareja las dos partes de cada párrafo.

Trabajo las mañanas de las nueve a la una. Tengo dos hijos de 2 y 4 años.

Mi semana laboral es de 40 horas. Tengo un horario flexible.

Trabajo por mi cuenta. No tengo horario fijo.

Tengo un puesto con mucha responsabilidad. No puedo desconectarme del trabajo.

Mi pareja se queja de que yo nunca esté en casa, pero gano un sueldo impresionante.

Paso muchas horas en casa con el ordenador, pero a veces me reúno con un cliente.

Es difícil a veces dedicar suficiente tiempo a mi familia, pero necesito ganar dinero.

Me conviene porque, si me organizo bien, puedo tener una tarde libre cada semana.

Cada semana la revista <u>Familia hoy</u> premia con €200 la carta más interesante sobre la vida familiar. La ganadora de esta semana es Marisol García de Valladolid que escribe:

Durante la semana casi todos llevamos un ritmo frenético ocupados con la vida laboral. Por la mañana, una persona soltera sólo tiene que afrontar los obstáculos de levantarse y arreglarse. Para las familias la cosa se complica mucho más. Los padres tienen que animar a sus niños a despertarse, lavarse, vestirse y alimentarse al mismo tiempo que se están preparando para una jornada de trabajo. Después es el viaje a la escuela antes de dirigirse al lugar de trabajo – todo eso a la hora punta cuando el volumen de tráfico garantiza congestión y atascos.

Una vez llegados tenemos que enfrentarnos con las demandas del trabajo: imposibles objetivos, un jefe exigente o desajustes personales con colegas. No es de extrañar que muchos trabajadores se quejen de la dificultad en compaginar el trabajo con la vida familiar.

Sin embargo, todos necesitamos un tiempo personal cuando podemos olvidarnos del trabajo y estar libres para hacer actividades recreativas, leer, estar con los niños, escuchar música o simplemente pasar un tiempo solo. El ocio refuerza el bienestar emocional y alivia los efectos de la tensión y el estrés. No solamente nosotros, sino también toda la familia puede beneficiarse si sabemos relajarnos.

2 a Lee esta 'carta de la semana' y busca el español.

i	it's much more complicated	vi	a demanding boss
ii	a day's work	vii	personal differences with colleagues
iii	the rush hour	viii	it's not surprising that
iv	traffic jams	ix	to combine work and family life
v	impossible targets	x	strengthens emotional well-being

b Lee la carta otra vez y busca las palabras que significan *lo contrario* de las palabras de la lista.

Ejemplo: _____

i acostarse   levantarse

i	acostarse	vi	facilidad
ii	dormirse	vii	separar
iii	casada	viii	acordarse
iv	antes	ix	debilita
v	ocio	x	intensifica

3 💡🎧 Paco y Gloria hablan de su estilo de vida y cómo compaginan la vida laboral, la vida familiar y el ocio. Escucha las dos entrevistas y luego haz las actividades.

4 a Lee la descripción que da Raquel de un día que empezó mal. Luego vuelve a escribirla, contando lo que le pasó en la tercera persona:

Ejemplo: _____

No **sabía** cómo no **oyó** el despertador pero ...

_____

b 💡 ¿Trabajas por gusto o por necesidad? (hoja de trabajo)

Un día fatal

No sé cómo no oí el despertador pero me desperté a las ocho y diez. Me entró el pánico, me levanté de un salto y fui volando al cuarto de baño. El agua no salió de la ducha. Luego me acordé de que la compañía de agua nos había advertido la semana pasada que iban a cortar el agua el martes desde las ocho por obras. Me lavé la cara como podía con una toallita húmeda, me limpié los dientes con agua mineral (con gas) y me di una buena dosis de desodorante. Salí corriendo del piso, sin maquillarme, sin desayunar y (me di cuenta el momento mismo de cerrar la puerta de la entrada) ¡sin mi bolsa!

Claro que llegué tarde al trabajo y tuve que tomar mi asiento en la oficina avergonzada y con todos mis colegas mirándome. Finalmente a las once, me hice el café tan necesitado, pero antes de poder beberlo, alguien me dio un codazo y vertí el café sobre mi nueva blusa …

5 💡🎧 Escucha a Roberto que habla de los trabajos de sus padres y cómo afectan a la vida familiar. Luego contesta brevemente a las preguntas en español.

i ¿Dónde trabaja su padre?

ii ¿Cuántas horas dura un turno?

iii ¿Dónde come la madre a mediodía?

iv ¿Hasta qué hora trabaja la madre a veces?

v ¿Cuál es la desventaja de comer o cenar juntos toda la familia durante la semana?

vi ¿Por qué está estresada su madre los fines de semana?

vii El padre, ¿por qué no ayuda siempre en casa?

viii ¿Por qué tienen que estar quietos Roberto y su hermano?

ix ¿Por qué es más fácil durante las vacaciones escolares?

x ¿Qué dice la madre de su trabajo?

6 a 💡 Lee la carta de Rosa y la respuesta del psicólogo, luego haz las actividades.

b 💡 Haz una conversación entre Rosa y el psicólogo. (hoja de trabajo)

🏴 Estrategias

Giving pros and cons

Use these expressions which introduce points in favour and points against something:

Lo bueno/malo es (que) …
Lo positivo/negativo es (que) …
Por un lado… por otro lado …
Por una parte… por otra parte …
La ventaja/El inconveniente es (que) …
En cambio …

Vocabulario

(estar) agotado *to be exhausted*
amargar *to embitter*
la cefalea *migraine*
compaginar *to combine*
conllevar *to bring with it*
emprender *to take on*
equilibrar *to balance*
fastidiar *to annoy*
el fontanero *plumber*
un presupuesto *a quote, estimate*
soñar *to dream*

💡 Gramática

Reflexive verbs

- Reflexive verbs conjugate the same way as other verbs but also have a reflexive pronoun *me, te, se, nos, os, se*: *Si* **me organizo** *bien, puedo tener una tarde libre.*

- In compound tenses, the reflexive pronoun precedes the auxiliary verb **haber**: *Nunca* **me he planteado** *hacer otra cosa.*

- In verb + infinitive constructions where the infinitive verb is reflexive, the pronoun must agree with the subject of the first verb: *Quiero bañar***me**.

Now you should be able to:

■ discuss diets, healthy eating and eating disorders

■ discuss health risks, addictions and breaking the habit

■ discuss work-related problems and stress, how to achieve a good work/life balance

Grammar

■ use radical-changing verbs

■ use the pluperfect tense

■ use reflexive verbs

Skills

■ use appropriate language to make judgements and recommendations

■ –

■ give reasons for and against

💡 ¡Haz la prueba!

1 Completa la frase utilizando un infinitivo.

Para asegurar una buena alimentación, es aconsejable *comer una dieta equilibrada*

2 Escribe una definición de 'el síndrome de abstinencia'. *Una adicción*

3 Completa la frase usando los verbos *querer* y *poder* en el tiempo presente.

María .... perder peso pero no .... resistir los dulces.

4 Traduce la frase.

María tenía dolor de estómago porque había comido unas gambas malas a mediodía.

5 ¿A qué se refiere esta definición?

Un sistema de trabajar una semana de mañana, una semana de tarde y otra de noche antes de volver a empezar. *El trabajo de turnos*

6 Completa las frases, poniendo los pronombres reflexivos correctos.

Suelo levantar *me* a las siete pero mi hermano es capaz de quedar *se* en la cama todo el día. Mis padres *se* enfadan con él pero lo raro es que los dos *nos* acostamos a medianoche.

7 Escribe una frase que tenga el mismo significado que la siguiente.

Hace muchos años que dejó de ser drogadicto.

8 Escribe una frase que expresa la opinión contraria a esta frase.

Por un lado, la Ley Anti-tabaco ha animado a muchos fumadores a dejar de fumar.

9 Rellena los espacios con palabras apropiadas.

Para muchos trabajadores, lo ideal sería ganar un .... bueno, tener un .... comprensivo, horas .... y colegas ....

10 Escribe una respuesta apropiada a esta opinión.

¿Por qué no dejar a los jóvenes disfrutar del botellón en paz?

AQA Examiner's tips

Listening
Revise vocabulary thoroughly for your topics before the exam.

Speaking
Practise past papers as often as possible.

Reading
Vocabulary relating to medical matters will be very similar to English. Examples: *obesidad, anorexia, bulimia, pulmonía.*

Writing
Write your answer in Spanish – don't be tempted to translate from English.

La vida sana

9 Las vacaciones

By the end of this sub-topic you will be able to:

	Language	Grammar	Skills
A **¿Adónde vamos y qué hacemos?**	■ discuss holiday destinations, giving personal opinions about preferred activities	■ use imperatives	■ choose the right past tense
B **Unas vacaciones que mejoran mi estilo de vida**	■ discuss life-enhancing holidays	■ use the preterite tense: irregular verbs	■ recognise compound words, families of words. ■ prepare for an interview
C **El turismo sostenible**	■ discuss problems created by tourism and how to tackle them	■ use the future tense	■ use strategies for listening

¿Lo sabías?

■ El 90% de los españoles pasan sus vacaciones en alguna playa de la Península o las islas, mientras que el resto viajará a algún país europeo o exótico.

■ Los motivos para viajar son visitar amigos o familiares, el paisaje, el clima, un interés histórico, las actividades de ocio, un interés cultural o el medio ambiente.

■ Cada año, unos 100.000 españoles viajan al extranjero para aprender un idioma diferente al suyo, mientras que otros 150.000 llegan a España para aprender español. Una importante industria que mueve más de 650 millones de euros anuales.

■ España tiene 14 Parques Nacionales, de los cuales 4 han sido denominados Patrimonio de la Humanidad (Unesco).

■ En España hay más de 300 establecimientos orientados al turismo de salud y belleza, lo que refleja el crecimiento en la cultura de culto al cuerpo y bienestar físico.

■ Cada año, miles de españoles (alrededor del 80% son mujeres jóvenes), embarcan hacia el tercer mundo para convivir y trabajar mano a mano con sus habitantes.

Actividad preliminar

¡Haz la prueba!

1 ¿Adónde quieres ir de vacaciones?
a Inglaterra
b España
c Latinoamerica

2 ¿Dónde prefieres alojarte?
a en un hotel de lujo
b en una casa rural
c en un camping

3 ¿Qué actividad prefieres?
a tomar el sol en la playa
b visitar sitios históricos
c hacer trabajo voluntario

4 Cuál de estos elementos es esencial en tus vacaciones?
a el buen tiempo
b la cultura
c una experiencia nueva

5 ¿Qué quieres llevarte de tus vacaciones?
a un bronceado perfecto
b fotos y recuerdos típicos
c nuevos amigos y contactos

6 Al volver de tus vacaciones ¿qué es lo más importante para ti?
a sentirte más sano y relajado
b hablar mejor una lengua extranjera
c darte cuenta de lo afortunado que eres

A   ¿Adónde vamos y qué hacemos?

Vocabulario

alquilar *to hire, rent*
el cangrejo *crab*
las chancletas *flip flops*
dañino *harmful*
degustar *to taste, sample*
descalzo *barefoot*
una disfraz *(fancy dress) costume*
engalanado *decorated, festooned*
el espárrago *asparagus*
los fuegos artificiales *fireworks*
la hidratación *moisturising*
la hoguera *bonfire*
ingerir (ie) *to ingest, drink*
una insolación *sunstroke*
juntarse con *to join with*
la ola *wave (water)*
la peregrinación *pilgrimage*
el piragüismo *canoeing*
la romería *pilgrimage in the country*
sombrío *sombre, sad*
tumbarse *to lie down*
la verbena *open-air dance*
vigilar *to supervise*

1 💡🎧 Cinco personas hablan de las vacaciones. Empareja las personas con los comentarios.

Francisco, viudo, 80 años   *Teresa, 5 años*   *Marisa, madre de familia, 40 años*   *Felipe, hombre de negocios, 35 años*   *Pablo, jubilado, 65 años*

2   Consejos para tus vacaciones playeras

Sol, arena y mar son los elementos ideales para disfrutar de unas vacaciones fantásticas; pero no olvides tener cuidado para no correr ningún riesgo con los rayos UV y otros peligros para la salud.

1 Protege tu piel: Limita la cantidad de luz directa del sol que recibes. Quince minutos antes de exponerte al sol, ponte un filtro solar con un factor de protección solar elevado, como de 30. Reaplícalo cada tres horas.

2 Cuida la playa: No arrojes basura en la playa y evita que otros lo hagan. Una playa limpia te permitirá disfrutar más de tus vacaciones.

3 Protege tus ojos: La radiación ultravioleta es dañina a los ojos. Usa gafas de sol que absorban al menos el 90% de los rayos ultravioleta.

4 Ponte ropa adecuada: Para prevenir la insolación, viste ropa ligera y una gorra. No andes descalzo: la arena puede esconder vidrio u otros objetos peligrosos.

5 Nada únicamente en zonas vigiladas: En días en que las olas están fuertes evita entrar al mar. Nunca ingieras bebidas alcohólicas antes de entrar al mar.

6 Bebe mucha agua: En verano nuestras necesidades de hidratación aumentan porque el calor nos hace sudar más. Siempre lleva contigo una botella de agua y no tomes bebidas con alcohol o cafeína.

www.generación21.com (abrigado)

a Para cada consejo, busca un dibujo adecuado. ¡Cuidado! Para los consejos 4, 5 y 6 hay más de un dibujo.

Ejemplo: _____

1 d

b 💡 ¿Ya conoces ahora los consejos? Léelos otra vez y haz las actividades.

3 a 💡🎧 Salvador, Clara, Rafael, Maribel, José Luis y Beatriz hablan de sus vacaciones. Escucha y haz las actividades.

b Elige la palabra correcta para completar cada frase.

i Normalmente Salvador no hace/hacía/hizo nada durante sus vacaciones.

ii Clara descubrió que los Incas son/eran/estaban buenos ingenieros.

iii Rafael siempre lo pasa/pasaba/pasó bien en los campings.

iv Cuando los niños eran pequeños, Maribel y su marido alquilan/alquilaban/alquilaron una casita en el campo.

v Cuando era joven, José Luis hace/hacía/hizo muchas actividades deportivas.

vi El año pasado en Guatemala, Beatriz trabaja/trabajaba/trabajó como voluntaria.

4 **Las fiestas de Sierra de Yeguas**

Hasta los pueblos más pequeños de España disfrutan de las fiestas, y el pueblo andaluz de Sierra de Yeguas con 3237 habitantes no es una excepción.

a 💡 Lee la publicidad sobre las fiestas de Sierra de Yeguas, y haz las actividades.

b 💡🎧 Escucha el reportaje y busca el español (todas las palabras son en forma de imperativo).

i	join in	iii	follow	v	don't miss
ii	shout	iv	don't forget	vi	listen to
				vii	watch
				viii	get up

c 💡🎧 Nota las horas de las partes de la fiesta, y para cada una, explica brevemente *en inglés* lo que ocurre.

Ejemplo i.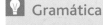

El chupinazo, 12.00: people gather in the square and shout 'Viva San Lorenzo' when the rocket is fired.

_____

i El chupinazo   v La verbena

ii La cabalgata   vi La carrera de burros

iii El saludo al santo   vii La corrida de toros

iv Los danzantes

d 💡 Prepara una entrevista. (hoja de trabajo)

e 💡 Lee el aviso y haz las actividades. (hoja de trabajo)

🔑 Estrategias

Choosing the right tenses

preterite tense	imperfect tense	present tense
to say what happened, what you did	to say what things were like, what you used to do	to say what you do now

Expresiones claves

arrojar basura

colaborar con programas humanitarios

descansar

desconectarse

entender la satisfacción de

estar en el aire libre

estar a gusto

una experiencia inolvidable

realizar su sueño

tumbarse en la playa

💡 Gramática

Imperatives

■ For positive imperatives ('Do's'), simply use the normal *tú* form without the final -s: *Protege tus ojos.*

■ For negative imperatives ('Don'ts'), use a negative word plus the present subjunctive: *No arrojes basura.*

B Unas vacaciones que mejoran mi estilo de vida

Vocabulario

un acuífero *an aquifer, water course*
adecuar *to adapt, make good*
las algas *seaweed*
el aspecto *appearance*
un balneario *health spa*
el barro *mud*
un charco *puddle*
conseguir (i) *to obtain, achieve*
una despedida *(saying) a goodbye*
embellecer *to beautify*
el envoltorio *wrapping*
esconder(se) *to hide (oneself)*
una estancia *ranch, farm*
la lidia *bullfighting*
las microburbujas *microbubbles*
un 'notable' *a 'very good'*
rejuvener *to rejuvenate*
la tauromaquia *bullfighting*
un todo terreno *an off-roader, 4 x 4*

1 💡 Lee lo que dicen estas cuatro personas e indica qué tipo de vacaciones les corresponde.

2 Lee el artículo.

Un viaje solidario

Un individuo puede ir a otro país para trabajar en un proyecto humanitario sin recibir remuneración. Las tareas pueden ser muy variadas:

- acompañar a personas con discapacidad física o intelectual en sus vacaciones
- impartir clases en escuelas rurales
- atender a las necesidades socioeducativas de niños con enfermedades de larga duración en su hogar
- informar a los excursionistas sobre cómo prevenir los accidentes de montaña.

Los campos de trabajo

Los campos de trabajo son actividades en las que un grupo de jóvenes de diferentes países trabaja de forma desinteresada en un proyecto social. Las tareas pueden incluir:

- recuperar el patrimonio cultural y arquitectónico
- cuidar de la ecología y medio ambiente
- participar en la animación para los niños en desventaja.

También las actividades son muy variadas:

- limpiar playas y caminos de basuras y piedras
- podar la vegetación invasora
- adecuar senderos
- construir las viviendas tradicionales de pastor
- excavar y clasificar posibles restos arqueológicos
- montar obras de teatro y danzas, etc.

Además de beneficiar a una comunidad pobre, estas actividades fomentan en los jóvenes voluntarios diversos valores, como la convivencia, la tolerancia, la participación o la solidaridad.

Adaptado de www.consumer.es EROSKI

a Para cada frase, apunta V (verdadero), F (falso) o N (no se menciona), según el artículo.

  i Puedes ayudar con un proyecto y ganar mucho dinero.

  ii Puedes trabajar como profesor en un centro educativo regional.

  iii Muchos turistas se hacen daño al subir las montañas.

  iv Necesitas estudios medioambientales antes de participar en un campo de trabajo.

  v Los jóvenes pueden ayudar a conservar edificios históricos.

  vi Los voluntarios ne se preocupan por el medio ambiente.

  vii Los jóvenes pueden organizar espectáculos culturales.

  viii Los participantes en los viajes solidarios aprenden a ser buenos ciudadanos.

b 🔲🎧 Escucha a Clara que habla de su curso de lenguas y contesta a estas preguntas brevemente en español.

  i ¿Qué tuvo que hacer el primer día?

  ii ¿Cómo encontró las preguntas?

  iii ¿Cómo se sintió al saber en qué grupo la habían puesto?

  iv ¿Por qué tuvo que insistir la profesora?

  v ¿Cuál de las actividades culturales le interesó más?

  vi ¿Cuál fue el resultado de su prueba final?

  vii ¿Qué plato llevó a la fiesta?

  viii ¿Qué piensa hacer el año que viene?

c Haz un resumen en español de lo que dijo Clara sobre su curso de español en Málaga. Menciona:

el primer día	la prueba del final de curso
la primera clase	la fiesta
la actividad cultural	la despedida

3 a 🔲 Graba una entrevista con Clara. (hoja de trabajo)

  b 🔲 Rellena la ficha de inscripción. (hoja de trabajo)

4 Hay una red extensiva de Parques Nacionales en España y el espacio natural atrae a muchos turistas todos los días. Escribe un artículo sobre una visita que hiciste a un Parque. Busca la información en internet. Menciona:

tus razones para visitar el Parque

el alojamiento

la flora y la fauna que visite

lo que aprendiste

tu opinión sobre el valor de Parques Nacionales

5 🔲 Lee la publicidad para Balneario 'Aguas Termales' y contesta a las preguntas.

Expresiones claves

vacaciones de salud y belleza
un viaje ecológico/solidario
de forma desinteresada
física y mentalmente
gozar de
hacer ilusión a alguien
hacerse un retoque
me hizo mucha ilusión
nadar a contracorriente
una sensación de bienestar
una discapacidad física

Estrategias

Word families and compound words

■ Many nouns have adjectives and verbs that are related to them: *la animación, animar, animado*.

■ Many verbs have several others that are related to them and which conjugate in exactly the same way: **poner**: *componer, disponer, exponer, imponer, proponer, suponer*.

Gramática

Irregular preterite verbs

Many common and some less common Spanish verbs are irregular in the preterite, for example *ser* and *estar, decir, hacer, ir, poder, poner, querer, tener, ver* and *venir*.

In the interview with Clara, there are several irregular preterite verbs, for example: **hice** *un curso de español*.

El turismo sostenible

Vocabulario

el agua potable *drinking water*

conllevar *to entail, involve*

el consumo *consumption*

el despilfarro *waste, squandering*

destruir *to destroy*

enriquecer *to enrich*

la escasez *shortage*

fomentar *to encourage*

el litoral *the coast*

el patrimonio *heritage*

en primera línea de la playa *right on the edge of the beach*

rentable *affordable*

restringir *to restrict, to limit*

de temporada *seasonal*

1 a 🔦🎧 Escucha a la hotelera, al camarero, a la vendedora y al taxista y contesta a las preguntas en español.

i ¿Por qué no ofrece la hotelera contratos indefinidos a todos sus empleados?

ii ¿Qué opina la hotelera de sus clientes mayores?

iii Según el camarero, ¿cuáles son las ventajas de su trabajo actual?

iv ¿Por qué tenía el camarero que volver a vivir con sus padres?

v ¿Cómo se siente la vendedora en julio y agosto?

vi En la opinión de la vendedora, ¿cuál es el efecto del turismo en su pueblo?

vii Para el taxista, ¿qué es lo bueno de su trabajo?

viii ¿Qué dificulta el trabajo del taxista hoy en día?

b 🔦 Después de leer el texto, escoge las respuestas correctas.

¿Por qué se necesita el turismo sostenible?

La industria turística española representa un 12% de su economía y da empleo a 2,5 millones de personas. Por otro lado, el coste medioambiental del turismo para el país es difícil de calcular pero, en la opinión de muchas personas, es demasiado alto.

Urbanización

Desde los años sesenta, España ha sido un destino cada vez más popular para los turistas extranjeros, especialmente los procedentes de los países del norte de Europa. Alrededor de un 40% de la costa española ya está urbanizada. La construcción de hoteles, complejos turísticos y puertos deportivos en primera línea de la playa ha transformado completamente el aspecto del entorno. La belleza natural de estas zonas ha desaparecido para siempre.

Especies amenazadas

Pero el impacto estético de la infraestructura turística sobre los antiguos pueblos no es el único inconveniente que trae. La destrucción de dunas litorales, marismas y otros espacios vitales para las plantas y los animales, amenaza la conservación de muchas especies de aves migratorias, peces y mamíferos. Una de las especies en peligro de extinción es el lince ibérico, de los que quedan sólo 250 ejemplares en España. La pérdida de su habitat natural y los atropellos por vehículos que circulan por las nuevas carreteras y autopistas son factores importantes en su disminución.

Contaminación

El desarrollo de los medios de transporte que conlleva el turismo también contribuye a la contaminación atmosférica, los problemas de circulación y el nivel de ruido. La ampliación de los aeropuertos de Madrid, Barcelona y Málaga resultará en un incremento de tráfico aéreo con sus emisiones nocivas y contaminación acústica.

Falta de agua

Aún más serio es el problema del excesivo consumo de agua en zonas de escasez: la demanda de piscinas y campos de golf crecerá con la expansión de la industria turística a coste de la agricultura tradicional y la población residente.

c Contesta a las preguntas en español.

  i   ¿Cuáles son las ventajas y los inconvenientes del turismo en España?

  ii   ¿Cuándo empezaron los turistas a pasar sus vacaciones en España?

  iii ¿Cómo ha cambiado el aspecto de muchos pueblos costeros?

  iv   ¿Qué efecto ha tenido el desarrollo del turismo sobre la ecología de las zonas litorales?

  v   ¿Por qué está el lince ibérico en peligro de extinción?

  vi   ¿Cómo han contribuido los viajeros a los problemas medioambientales?

  vii ¿Cómo están desfavorecidos los agricultores españoles?

d Haz el resumen de lo que dice el artículo, en **inglés**.

e 💡 Mira las fotos y haz la actividad. (hoja de trabajo)

② Reacción pública a un macro proyecto turístico

El proyecto Coto de Macairena Milenarium ocupará 2.500.000m² de terreno rústico entre los pueblos de Gójar y Dílar en la provincia de Granada. Quieren construir dos campos de golf, viviendas de lujo, hoteles, alojamientos, parque de atracciones, discotecas, restaurantes, bares, centros comerciales y club social.

a 💡🎧 Escucha el programa de radio, luego escoge las respuestas correctas.

b 💡🎧 Escucha el programa otra vez y busca las cantidades que se mencionan.

  Alberto

  i   La distancia entre el complejo proyectado y el Parque Natural de la Sierra Nevada.

  Cristina

  ii   El número de viviendas de lujo que quieren construir.

  iii La población actual de Gójar y Dílar.

  iv   La estimada población futura del proyecto urbanístico.

  v   El número de turistas que se dice que vendrán.

  vi   La capacidad del aparcamiento propuesto.

  Marcos

  vii El número de pozos de emergencia que se abrirán.

  viii El estimado consumo diario de agua potable en el nuevo complejo.

c 💡🎧 Escucha otra vez a las entrevistas. En la actividad d, tendrás que escribir una carta para expresar tu opinión. Haz la preparación:

  i   Haz apuntes: ¿Cuáles son las ventajas y los inconvenientes de este proyecto?

  ii   Haz una lista del vocabulario clave que necesitarás.

d 💡 Escribe una carta al alcalde para expresar tu opinión sobre el proyecto. (hoja de trabajo)

Expresiones claves

el desarrollo/el turismo sostenible

la planificación simpática y sensible

el uso de energías renovables (solar, eólica etc)

la construcción de alojamientos ecológicos

la ampliación de los aeropuertos perjudica al medio ambiente

la urbanización de zonas de interés paisajístico y ecológico

el aumento en el volumen de tráfico, el ruido, la basura etc es nocivo

la protección/la conservación/el respeto/ …

… del ecosistema

… del entorno natural

… del patrimonio

… de la flora y la fauna

… de la naturaleza

… de los recursos naturales

… de las especies amenazadas

🐾 Estrategias

Preparation for listening tasks

Before you listen to a recording, **read the questions carefully**.

■ Look out for key question words (interrogatives) which tell you what kind of information is needed.

■ In each question look for key vocabulary.

■ When you do a gapfill activity think about what you are looking for – noun? verb? adjective?

💡 Gramática

The future tense

In the interviews and in the article there are several verbs in the future tense, for example: **crecerá, vendrán, tendré**.

To form the future you use the infinitive of the verb as the stem and add the endings: *-é, -ás, -á, -emos, -éis, -án*.

Now you should be able to:

- ■ discuss holiday destinations, giving personal opinions about preferred activities
- ■ discuss life-enhancing holidays
- ■ discuss problems created by tourism and how to tackle them

Grammar

- ■ use imperatives
- ■ use the preterite tense: irregular verbs
- ■ use the future tense

Skills

- ■ choose the right past tense
- ■ recognise compound words, families of words.
- ■ prepare for an interview
- ■ use strategies for listening

💡 ¡Haz la prueba!

1 Completa la frase: tienes que incluir un verbo en futuro.

Por lo general paso mis vacaciones en España pero el año que viene será diferente: …………

2 Escribe una definición del 'turismo sostenible'.

3 Completa las palabras, escribiendo la terminación correcta:

Durante un viaje de larga distancia, los padres de niños pequeños pueden encontrar muchas dif ………… Para los niños, es dif ………… tener paciencia, y para todos, hay momentos dif ………… .

4 Traduce al inglés:

Es una lástima que el lince ibérico, una especie de felino salvaje, esté al borde de extinción.

5 Rellena el hueco con un verbo adecuado:

Muchas personas van al balneario porque quieren ………… su forma y su juventud.

6 ¿A qué se refiere esta definición?

Una peregrinación religiosa a través del campo.

7 Rellena los huecos con un verbo en pretérito. Aquí tienes los verbos adecuados: *ir, estar, hacer, decir*.

El año pasado, mis padres y yo ………… a Escocia. El hotel en el que ………… era muy cómodo, pero no ………… buen tiempo ni un solo día. Mi madre ………… que no volvería nunca allí.

8 Completa la frase con la forma correcta del verbo *estar*:

Cuando ………… en África, conocí a mucha gente pobre.

9 Rellena los huecos con la forma imperativa de los verbos *ponerse* y *olvidarse*.

Si vas a tomar el sol, ………… una crema protectora y no ………… de tu sombrero.

10 Escribe una respuesta apropiada a esta pregunta.

¿Cómo pueden ayudar las vacaciones a crear una sensación de bienestar personal?

AQA Examiner's tips

Listening	Speaking	Reading	Writing
Make sure you answer in the right language.	Pay particular attention to your pronunciation.	If you can't find the answer to a question, move on and come back to it if there's time at the end.	Take time to read through what you've written and make improvements to the content where necessary.

La familia y las relaciones

10 Las relaciones en la familia

By the end of this sub-topic you will be able to:

	Language	Grammar	Skills
A **¿Qué significa 'una familia'?**	■ discuss different family patterns, and changing trends	■ use possessive adjectives and pronouns	■ talk about priorities
B **El parentesco**	■ discuss parenting, and what good parenting involves	■ use relative pronouns	■ say how long you have been doing something
C **Actitudes y discordia en la familia**	■ discuss attitudes and conflict between young people and other family members	■ recognise when to use the subjunctive	■ use conjunctions to talk about causes and effects

■ ¿Lo sabías?

■ La edad promedio en la que las mujeres españolas se independizan de su familia es a los 28,2 años, mientras que entre los varones se retrasa hasta los 30.

■ España es, junto a Italia y Grecia, el país de la Unión Europea con la tasa de natalidad más baja (1,32 hijos por mujer). La mujer española presenta la edad media de maternidad más elevada de Europa (casi 31 años cuando concibe a su primer hijo).

■ Según un estudio sobre la juventud en España 15% de jóvenes entrevistados de entre 15 y 30 años, respondieron que estar con su familia les hacía feliz en comparación con 12% que respondieron que estar con amigos era la clave de su felicidad.

■ El 88% de los españoles cree que la familia es lo más importante de su vida, seguida por la casa (59%), el trabajo (54%), los amigos (43%) y el tiempo libre (42%).

■ Las tareas del hogar es uno de los principales motivos de discusión familiar entre los españoles. Las mujeres realizan la mayor parte de las tareas. Las hijas hacen más tareas que los hijos.

■ Actividad preliminar

Mira los resultados de una encuesta sobre los problemas que pueden surgir entre padres e hijos. Decide el grado de importancia de cada problema para ti. Haz un gráfico para ilustrar los resultados.

¿Cuánta importancia tienen?	Mucha	Bastante	Poca	Ninguna
Las cuestiones económicas o de dinero	17	48	25	6
Las amistades de los hijos	34	49	12	4
La falta de comunicación	45	43	7	2
Las diferencias políticas	3	13	43	36
El rendimiento de los hijos en sus estudios	32	55	8	2
Las costumbres (como la forma de vestir)	9	36	38	15
La falta de colaboración en los trabajos de casa	17	52	24	4
Las cuestiones religiosas	3	15	39	39

CIS

A ¿Qué significa 'una familia'?

La familia Torres, un modelo de las nuevas relaciones familiares surgidos en los últimos tiempos: José Ramón, divorciado y emparejado con Mari Luz de las Heras; Ahlam, hija de ésta, con su novio ruso, Alexander, y Jorge, hijo adoptivo de Mari Luz. (Photo: J.M. Diaz Burgos)

Vocabulario

adquirir *to acquire*

ampliar *to increase, to add to*

la carrera *(university) degree*

dar un salto *to take a great step*

la mezcla *mix, mixture*

novedoso *novel, original*

la sangre llama *blood is thicker than water*

superponer *to superimpose*

total que *with the result that*

1 ¿Cuántos de los nuevos modelos de familia de la lista se pueden aplicar a la familia retratada en la foto?

la familia extensa

la familia nuclear

la familia numerosa

la familia tradicional

la familia monoparental

la familia de padres separados o divorciados

la familia de segundo matrimonio

la familia de razas y nacionalidades diferentes

la familia de gays y lesbianas

la familia de parejas 'juntos pero separados'

la familia con hijos adoptivos

Una diversidad de familias

'Junto con los modelos tradicionales, aún mayoritarios, coexisten en nuestra sociedad nuevas formas familiares que han ido adquiriendo reconocimiento social y legal. Los españoles hemos dado un gran salto cualitativo en términos de libertad y tolerancia, que nos permite elegir y vivir nuestra nueva dimensión familiar sin discriminación,', dice Amparo Valcarce, secretaria de Estado de Asuntos Sociales y Familia.

Según la sociólogo Constanza Tobío: 'el cambio es similar al de otros países europeos, sólo que mucho más rápido y con mayor mezcla. A la diversidad está superpuesta la inmigración de todo tipo, jóvenes, niños, los hijos de los inmigrantes que nacen aquí, las adopciones de niños extranjeros, los matrimonios entre distintas razas y nacionalidades. Estamos creando unos nuevos tejidos sociales enormemente novedosos e interesantes.

Tomamos como ejemplo la familia del empresario José Ramón Torres (57 años). Si existe una familia que puede ser un prototipo de este nuevo modelo multicultural, es, sin duda, la suya. José, divorciado y con dos hijos, es emparejado desde hace 17 años con Mari Luz de las Heras (55 años), separada de un ciudadano libio, padre de su hija Ahlam Elena (30 años), quien aporta a la familia su novio ruso, Alexander Victorovich (27 años). El grupo se amplía con Jorge Omar, hijo adoptivo de Mari Luz, uruguayo de origen alemán.

'Yo creo que sí, que somos un buen exponente multicultural ... La nuestra es una familia totalmente consolidada, resultado de la sociedad en la que vivimos, con muchas influencias globales. Y no es una familia genética, sino de elección.' ¿Cómo se lleva tanta diversidad?, pues con mucha flexibilidad, mucho cariño y amistad.

Adaptado de 'Álbum de familias', © EL PAIS, SL.

2 a Lee el texto y contesta a las preguntas.

    i ¿Cómo son la mayoría de las familias españolas?

    ii Además de la diversidad de modelos de familia, ¿qué otras influencias importantes se han notado en los últimos años?

    iii ¿Por qué representan los Torres un prototipo del nuevo modelo de familia? Apunta por lo menos cuatro cosas.

    iv ¿Se llevan bien o no se llevan bien entre ellos? ¿Cómo lo sabes?

  b 💡 ¿Qué sabes sobre los varios tipos de familia? Haz las actividades.

3 a 💡🎧 Escucha las entrevistas y contesta a las preguntas.

    i ¿Cómo se llevan Raúl, Cecilia y Alejandra con sus hermanos?

    ii ¿Cuáles de ellos son hijos de segundo o tercer matrimonio?

    iii ¿En qué aspecto es diferente Mercedes de su madre?

    iv ¿Cómo y por qué está cambiando la familia en España, según Mercedes?

  b 💡🎧 Vuelve a escuchar atentamente lo que dicen Raúl, Cecilia, Alejandra y Mercedes y haz las actividades.

  c 💡 ¿Qué tipo de familia es la tuya? Habla con un(a) compañero/a. (hoja de trabajo)

    • ¿En qué aspectos es diferente tu familia de la de tus abuelos o bisabuelos?

    • ¿Cómo crees que han cambiado los modelos de familia en tu vida hasta ahora?

    • ¿Qué tipo de familia esperas tener tú?

    • ¿Qué es lo más importante, a tu parecer, en una familia?

4 💡 Escribe sobre: ¿Cómo es tu familia y cómo era la familia de tus padres o de tus abuelos? (hoja de trabajo)

Expresiones claves

la diversidad
emparejar
la familia genética
la familia monoparental
el hogar .
el matrimonio
un prototipo
el tejido social

💡 Gramática

Possessive adjectives and pronouns

■ A **possessive adjective** agrees with the noun it precedes.

■ *Mi, mis, tu, tus, su, sus* are the same for masculine and feminine.

■ *Nuestro* (our) and *vuestro* (your, 2nd person plural, familiar) have masculine and feminine forms in singular and plural.

■ **Possessive pronouns** follow the noun or are freestanding. They also have masculine and feminine forms in singular and plural.

🗝 Estrategias

Avoiding repetition

■ Use a wide range of language. For example, the text uses several different ways to describe new kinds of families.

■ In your own speaking and writing you can add variety by using synonyms. The text uses *novedosos* to avoid repeating *nuevos* and *enormemente* instead of *muy*.

■ In the interview, Cecilia uses both a negative and an affirmative statement: '*No son cercanos*'. and '*Son distantes para mí*'.

El parentesco

Vocabulario

acabar *to end (up)*

advertir *to warn*

apoyar *to support*

averiguar *to find out*

avisar *to warn*

la baja paternal *paternity leave*

hacerse cargo *to take on the job*

castigar *to punish*

comportarse *to behave*

contestar mal *to answer back*

enriquecedor *enriching*

equivocarse *to make mistakes*

llegar a las tantas *to come home late*

meterse *to interfere*

orgulloso *proud*

el pañal *nappy*

el tatuaje *tattoo*

la ternura *tenderness*

1 💡 Haz el test.

2 a 💡🎧 A Esteban y Beatriz, padres de hijos adolescentes, se les pregunta sobre el parentesco. Escucha y haz las actividades.

b 💡🎧 Escucha otra vez y corrige los errores en las siguientes frases, cambiando una sola palabra en cada caso.

   i   Es peor que cada miembro de la pareja adopte una posición.

   ii   Tu hija tiene el cuarto ordenado.

   iii Es menos fácil, hay más discusiones.

   iv Tu hija actúa como si no te hubiera visto.

   v   Le dejo el plato para que se lo caliente en el horno.

   vi Siempre quiere ir, siempre busca excusas.

   vii Todo el mundo se encuentra bien de vez en cuando.

   viii Pues rebeldía es algo difícil a esa edad.

c 💡 Propone unas soluciones. (hoja de trabajo)

3 a 💡 Lee sobre la relación que tiene Lidia con sus hijos, luego haz las actividades.

b 💡 Escribe tres párrafos sobre lo que debe hacer un buen padre. (hoja de trabajo)

Cuando el padre toma la baja de paternidad

Paco, padre de Hugo de nueve meses

Un hijo es cosa de dos. Eso no significa que uno asume la responsabilidad y el otro ayuda, se trata de compartir la tarea. Si así lo hacíamos con los quehaceres de la casa estaba claro que con la llegada de un hijo no iba a ser diferente. Ejercer de padre no se limita a bañar al niño o cambiarle los pañales, es preocuparse de qué va a comer, de tener en la nevera todos los alimentos que necesita, organizar los horarios y las necesidades. La experiencia de cuidar a mi hijo ha despertado en mí una ternura que no había tenido nunca antes.

Al principio, cuando iba a la compra con el niño todas las mujeres me miraban, me sentía orgulloso. En el parque era el único hombre y las madres de los otros niños al principio no me hablaban, no querían comentarme las cosas que las madres suelen comentar entre sí acerca de sus hijos. Pero poco a poco esas reticencias han ido desapareciendo.

Jesús, padre de Martín y Miguel de cuatro años

Hace casi cinco años mi mujer y yo tuvimos gemelos. Llevo todo ese tiempo en casa cuidándolos. No teníamos familiares cerca que pudieran ayudarnos y necesitábamos disponer del máximo de tiempo para hacernos cargo de los bebés. Soy maestro y aunque por mi trabajo estoy acostumbrado a tratar con niños pequeños hay que reconocer que, aunque agradecido, el trabajo de cuidar a los hijos es muy duro. Lo peor es que socialmente te aislas. Desde que tengo los gemelos no tengo tiempo de tomarme un rato libre ni de relacionarme con otros adultos. Por otro lado, creo que él que no tiene el suficiente contacto con tus hijos acaba siendo un extraño para ellos.

Coger una baja paternal aún es una rareza. Cuando alguien ve a un padre con su hijo siempre piensa que la madre va detrás. Nuestra sociedad aún tiene que evolucionar mucho y la mentalidad de las personas no se cambia a golpe de ley. Si los hijos se tienen por voluntad de los dos es lógico que sean los dos quienes se ocupen de ellos.

Clara magazine

c Lee lo que dicen estos padres que han tomado baja paternal para cuidar a sus hijos pequeños. ¿Quién dice qué? ¿Paco, Jesús o los dos?

i Nuestra familia vive lejos y no puede echarnos una mano.

ii Ocuparse de los hijos es mucho trabajo.

iii Si la pareja decide tener un hijo es la responsabilidad de los dos cuidarlo.

iv Cuidar a un niño significa ocuparte de cuándo y qué come.

v Desde que nació mi niño soy una persona más tierna.

vi Cuando llevaba a mi hijo de compras me sentía orgulloso.

vii Ya puedo conversar con las madres en el parque sobre nuestros hijos.

viii Me siento muy aislado.

d Empareja las dos mitades de las frases.

i Ser padre no quiere decir que

ii Hay que repartir la responsabilidad

iii Un buen padre tiene que hacer más

iv Si hay un padre solo en el parque

v Cuando se tiene bebés es necesario

vi Cuidar a niños es un trabajo agradecido pero

vii Los padres que no pasan tiempo con sus hijos

viii La ley ha cambiado pero

a a la vez es muy duro.

b que cambiar pañales.

c de la misma manera que se reparten las tareas domésticas.

d la mentalidad de la gente no ha evolucionado.

f la madre se ocupa del niño y el padre ayuda.

e acaban siendo extraños.

g tener mucho tiempo disponible.

h las madres no suelen hablar con él.

4 💡 Apunta tus ideas, luego escribe unas 200 palabras sobre el parentesco. (hoja de trabajo)

Expresiones claves

buscarse el camino

a su medida

cometer fallos

confiar en (alguien)

correr el riesgo

es cosa de dos

actuar en consecuencia conjuntamente

tener paciencia

Estrategias

How to say how long you have been doing something

If you have been doing something for a long time and are still doing it, you need to use the present tense in one of the following constructions.

■ Action in present tense + *desde hace* + time.

■ *Hace* + time + *que* + action in present tense.

■ *Llevar* in present tense + time + action in gerund.

Gramática

Relative pronouns and adjectives

■ Relative pronouns are words like 'who', 'which' and 'that' used to connect two parts of a sentence.

■ The relative pronoun is often left out in English but not in Spanish.

■ A preposition used with a relative pronoun cannot be separated from it, as happens in English.

Now you should be able to:

- discuss different family patterns, and changing trends
- discuss parenting, and what good parenting involves
- discuss attitudes and conflict between young people and other family members

Grammar

- use possessive adjectives and pronouns
- use relative pronouns
- recognise when to use the subjunctive

Skills

- talk about priorities
- say how long you have been doing something
- use conjunctions to talk about causes and effects

💡 ¡Haz la prueba!

1 Escribe la definición de una familia nuclear.

2 Escribe una expresión que tiene el mismo significado que la siguiente:

'No somos cercanos.'

3 Rellena cada espacio con un adjetivo posesivo o un pronombre posesivo adecuado.

Mi coche es más rápido que .... (tu coche) pero (la moto de María) .... es de mejor marca. Sin embargo .... (el coche de vosotros) es más bonito mientras que (la furgoneta de ellos) .... es más cara.

4 Rellena los espacios poniendo los verbos indicados en el presente del subjuntivo.

Es una pena que Juan no .... (respetar) a su padre. Puede que el padre .... (favorecer) más a un hijo. Dudo que .... (poder) resolver el problema.

5 Escribe una definición de 'ser comprensivo'.

6 Une las dos partes de esta frase con una expresión adecuada.

Es bueno que sepan ocuparse de la casa porque .... no es mi casa, sino la nuestra.

7 Traduce al inglés.

Desde hacía un año no podía salir con sus amigas. Hacía meses que no las veía. Llevaba todo ese tiempo en casa cuidando a los niños.

8 ¿A qué se refiere esta definición?

El permiso que se concede a un padre para cuidar a su bebé.

9 Completa las frases con los pronombres relativos adecuados.

El pueblo hacia .... nos dirigimos es muy pobre. La mujer .... padres viven allí es maestra. La persona de .... hablo nunca ha vuelto allí. .... me sorprende es su actitud negativa.

10 Escribe una frase que tenga el mismo significado que la siguiente.

No me entiendo con mi hermana. Me enfadé con ella pero ahora quiero hacer las paces.

AQA Examiner's tips

Listening

Stay alert! It is particularly important that your mind doesn't wander during a listening task.

When you have completed the exam to the best of your ability, go back to check questions you found difficult.

Speaking

Prepare detailed answers that justify reasons and opinions where necessary.

Take initiative in giving long replies, i.e. avoid just *sí* and *¡no!* – offer information even if not actually asked for.

Reading

Don't be discouraged by words or a particular question you don't understand. Continue to put as much effort as possible into the remaining tasks.

Write neatly. A correct answer might be marked wrong if the examiner is unable read your work.

Writing

Build your essay up from simple sentences and use link statements to connect ideas.

Remember that you will be graded on your use of the Spanish language. Check your grammar, spelling and vocabulary.

La familia y las relaciones

11 · Las amistades

By the end of this sub-topic you will be able to:

	Language	Grammar	Skills
A ¿Qué es un amigo?	■ describe your own and others' characteristics ■ describe the role of a friend	■ use the passive, and find ways to avoid it	■ describe people ■ give tactful criticism
B ¿Cómo hacerse amigos?	■ discuss how friendships develop	■ use a full range of past tenses ■ use time expressions with *hace*	■ use varied sentence length
C ¿Se lleva bien o se lleva mal?	■ discuss difficulties within friendships	■ use the imperfect subjunctive ■ use the perfect subjunctive	■ explain emotional problems

¿Lo sabías?

■ Según la encuesta 'Informe Juventud en España 2004', muchos jóvenes piensan que es muy importante que los amigos se proporcionen ayuda mutua y entendimiento y que disfruten del tiempo libre juntos. Otros aspectos de importancia son compartir las mismas aficiones y gustos, compartir actitudes ante la vida e iniciar una relación de pareja.

■ Entre los jóvenes españoles entre 15 y 29 años, los amigos ocupan el lugar inmediatamente detrás de la familia en importancia. Es decir que en una escala de 1–10, la amistad recibe un 8 en orden de prioridad.

■ En cuanto a las actividades más populares para realizar con los amigos, salir de noche sale en primera fila.

■ Sin embargo, en una encuesta del Instituto de la Juventud, el 63% de los entrevistados dijo que le interesaría realizar actividades diferentes durante el 'finde' (el fin de semana) y conocer a gente nueva.

■ El 35% de los españoles se ha citado por internet, según la revista *Ciara*.

Actividad preliminar

Empareja el proverbio con el significado adecuado.

1 Dime con quién andas, y te diré quién eres.
2 En las malas se conocen a los amigos.
3 Aficiones y caminos hacen amigos.
4 Más vale solo que mal acompañado.
5 Que amistades son ciertas, nadie les puede turbar. (Miguel de Cervantes)

a Los amigos que te ayuden y te echen una mano cuando tienes problemas, son los amigos de verdad.
b Las malas amistades son peores que la soledad.
c Compartir experiencias y hacer cosas juntos hace amigos.
d La gente con quien te asocias revela qué tipo de persona eres.
e Un verdadero amigo es leal y no te falla, pase lo que pase.

A ¿Qué es un amigo?

> «El amigo ha de ser como la sangre, que acude luego a la herida sin esperar a que la llamen.»
>
> *Francisco Quevedo (Escritor español)*

Vocabulario

recordar con cariño *to have fond memories of*

celoso *jealous*

comprensivo *understanding*

confiable *reliable, trustworthy*

contar con *to depend on, count on*

a espaldas de uno *behind someone's back*

juzgar *to judge*

leal *loyal*

marchoso *fun-loving, lively*

mentiroso *deceitful, false*

pase lo que pase *whatever happens*

rencoroso *spiteful, resentful*

sensible *sensitive*

solidario *caring*

ventajista *self-seeking, opportunist*

1 💡 Haz el Test y compara tus resultados con los de un(a) compañero/a.

Inicio | Índice | Sitemap | Ayuda | Versión texto

FAQs
Noticias
Acceso directo
Arriba

Definiciones de un amigo

Para mí, un buen amigo tiene que ser comprensivo, solidario, simpático, sociable, tranquilo y sumamente divertido. Y si necesitara un nuevo amigo lo que más me importaría sería que sea solidario y que nunca me faltara el respeto.

Iker

Si un amigo te tuviera que decir o hacerte hacer algo para que fueras su amigo, entonces ése no sería tu amigo realmente.

Sandra

Es muy importante cuidar, respetar, escuchar y principalmente perdonar a un amigo.

Javi

Yo creo que un buen amigo sería aquél que te ayuda en las buenas y en las malas y que siempre estaría allí para ayudarte. También debe ser una persona muy confiable, que pueda guardar mis secretos.

Eva

Un buen amigo es un ser muy especial con el cual se puede compartir todo. Un verdadero amigo te ayuda, te comprende y te escucha. Las cualidades que admiro en un amigo son la sinceridad, la honestidad y la generosidad, y sobre todo, que sea leal y que no me critique a espaldas.

Susa

Lo mejor de una amistad es saber escucharse el uno al otro, de esta forma los amigos se conservan y no se pierden. Los amigos pueden cometer errores, pero a pesar de esto, siguen siendo buenos amigos.

Leo

Cuando estás con tus amigos te sientes como en tu casa. Lo pasas bien con ellos. Te hacen reír y, por otro lado, cuando tienes problemas y quieres contárselos, te escuchan. Si necesitas ayuda sabes que, pase lo que pase, siempre puedes contar con ellos.

Eli

Adaptado de www.kidlink.com

2 a Elige las palabras del texto para completar las frases, según tus propias opiniones. Compara tus frases con las de un(a) compañero/a.

   i   Para mí, un buen amigo tiene que ser *sincero,* …

   ii Un verdadero amigo te …

   iii Lo mejor de una amistad es (que) …

  b 💡 Vuelve a leer las opiniones y haz las actividades.

3 a 💡🎧 Escucha las opiniones de Laura, Mauricio, Cecilia, Pablo y Verónica. Elige una de las siguientes frases claves para cada persona.

Ejemplo: _____

Laura ii

_____

i Las amistades se hacen en cualquier lugar.

ii Un amigo te acepta tal como eres.

iii Lo más importante es la sinceridad.

iv Un verdadero amigo siempre está a tu lado cuando lo necesitas.

v Una buena amistad es una relación equilibrada y mutuamente positiva.

b 💡🎧 Escucha la conversación y haz las actividades.

4 a Apunta tus ideas claves para un debate sobre los siguientes temas, luego discute con un(a) compañero/a.

- Es importante la sinceridad, ¿pero siempre debes decir lo que piensas?

- ¿Qué debes hacer si un amigo hace algo que crees que no le conviene o que le es perjudicial?

- ¿Crees que siempre debes perdonar a tus amigos cuando cometen un error?

- ¿Cuál es la diferencia entre criticar, juzgar y aconsejar?

- ¿Has sido criticado, juzgado o rechazado por tus amigos alguna vez? ¿Crees que fue justo o injusto?

b 💡 Haz el debate. (hoja de trabajo)

c Escribe tres párrafos sobre un amigo o una amiga.

- Describe sus cualidades personales.

- Explica por qué crees que es un buen amigo.

- Describe sus defectos y tus sugerencias para superarlos.

d 💡 Escribe el perfil de un amigo o una amiga. (hoja de trabajo)

💡 Gramática

The passive and how to avoid it

■ The passive is made up of *ser* + past participle, and the past participle agrees with the subject of the sentence.

■ However, in conversation and informal language, active forms are more commonly used than passives.

■ Even in a formal context, Spanish usually avoids the passive. You already know how to use *se* with the third person.

Expresiones claves

aceptar a alguien tal como es

ayudar a alguien a crecer

caer bien a alguien

dar más de lo que se recibe

en las buenas y en las malas

🔑 Estrategias

Describing strengths and weaknesses

■ To describe someone's strengths you choose the most appropriate adjectives. For example, *Un amigo es sincero, generoso y leal.*

■ To point out a person's weaknesses in a tactful way, choose adjectives which are less direct and add words like *bastante*, *poco*. For example, *Es bastante reservado* rather than *Es cerrado.*

B ¿Cómo hacerse amigos?

Vocabulario

agradar *to please*

atreverse *to dare*

atropellar *to run over*

conocer *to meet, to get to know*

encontrar(se) *to meet, to run into*

entenderse *to understand each other, to get along well with*

imprevisto *unexpected*

ligarse *pick up, get off (with)*

la panda/la pandilla *group of friends*

pesadísimo *very boring, very tedious*

precipitarse *to rush*

proponerse *to plan to, to intend*

la quincena *fortnight*

1 Elige, de las siguientes ideas, las cinco más importantes para ti. Compara tus ideas con las de un(a) compañero/a de clase.

- tener muchas cosas en común
- compartir experiencias
- tener el mismo sentido del humor
- ser aficionados a las mismas cosas (música, deporte etc)
- tener las mismas opiniones (sobre la política, la religión etc)
- tener la misma edad, más o menos
- llevarse bien, entenderse
- ser de la misma ciudad o región
- estar a gusto cuando estáis juntos

Las amistades imprevistas

Los amigos de mi panda los conozco del instituto o incluso de primaria. Somos todos del mismo barrio en las afueras de Madrid. Pero mi amiga Marián la conocí, hace cuatro años, en un campamento de verano en Asturias. El primer día nos tocó fregar los platos después de la comida. Fue una tarea pesadísima pero Marián me hizo reír tanto que por poco me partí de risa. De ahí en adelante nos hicimos amigas y estuvimos inseparables en todas las actividades. Al final de la quincena nos marchamos cada una a casa pero seguimos en contacto por email y por messenger. Ahora, cuando nos vemos, aunque sea sólo una vez al año, lo pasamos de miedo y sé que Marián es una amiga de por vida.

Asún, Getafe, Madrid.

Es cierto que se puede conocer a un amigo en las circunstancias más imprevistas. Hace dos años atropellé a un señor con mi coche. Afortunadamente, el señor se escapó sin consecuencias físicas y asumí mi culpa del hecho y lo llamé en los días después para ver cómo iba.

Luego, por pura casualidad, nos encontramos en la calle una semana después. Eso tiene que ser una señal de destino, ya que Buenos Aires es una ciudad muy grande. Desde entonces, cuando hablamos o nos vemos, nos reímos con pavadas como: 'Hola, soy Ron, él que te atropelló la semana pasada. ¡Ojito, no te dejes atropellar por otro que me pongo celoso!'

Ron, Buenos Aires.

Adaptado de www.spanish.martinvarsavsky.net

Buenos Aires, *capital de* Argentina

2 a Lee los textos y contesta a las preguntas.

    i   ¿Dónde conoció Asún a los amigos de su pandilla?

    ii   ¿Cuándo conoció a Marián?

    iii ¿Por qué crees que Marián le caía bien a Asún?

    iv ¿Cómo conoció Ron al señor?

    v   ¿Dónde y cómo se encontraron por segunda vez?

    vi ¿Qué tienen en común las amistades mencionadas en los dos textos?

  b 💡 Lee los blogs otra vez y haz las actividades.

3 a 💡🎧 Escucha las entrevistas y contesta a las preguntas.

    i   ¿Cuál es el problema de Antonio y de qué tiene miedo?

    ii   ¿Qué opina Denia de sus compañeros y de los jóvenes españoles en general?

    iii ¿Qué consejo ofrece Carla en cuanto a la amistad?

  b 💡🎧 Escucha otra vez y haz las actividades.

4 a 💡 Con un compañero, haz una lista de:

    • qué hacer   • adónde ir

  Luego, discutid vuestras opiniones juntos. (hoja de trabajo)

  b 💡 Escribe sobre tu mejor amigo o amiga (hoja de trabajo):

    • ¿Cómo, cuándo y dónde os conocisteis?

    • ¿Cómo es tu amigo o amiga?

    • ¿Por qué te cayó bien al principio?

    • ¿Por qué os lleváis bien?

    • ¿Qué es lo que más te gusta de tu amigo o amiga?

💡 Gramática

Past tenses, time expressions with *hace*

■ Use the **pluperfect** to describe something that happened before a second action in the past.

■ Use the **preterite** for actions that took place and were completed in the past.

■ Use the **imperfect** for actions or states which took place over an unspecified time in the past.

■ Use the **perfect** for events that have taken place recently, and which are part of an ongoing situation.

■ Use *hace* + **time phrase** + *que* + **present tense** to talk about an action or state which began in the past but is still in progress in the present: *Hace seis años que vivo en Barcelona.*

■ You can express the same idea with **present** + *desde* + *hace* + **time phrase**: *Vivo en Barcelona desde hace seis años.*

■ Use *hace* + **time phrase** + **preterite** to say how long ago something happened in the past: *Marián y Asún se conocieron hace cuatro años.*

Expresiones claves

caer bien a alguien

echar una mano

estar a gusto

estar enamorado de alguien

hacer reír a alguien

llevarse bien con

meter la pata

morirse de risa/partirse de risa

mostrarse tal como es

pasarlo bien/mal/de miedo/de maravilla

por casualidad

salir bien/mal

ser uno mismo

tocar a alguien hacer algo

un amigo/una amiga de por vida

🔑 Estrategias

Sentence length and impact

■ Give an idea of what the text is about in your opening sentence.

■ Use short, factual sentences to give key information.

■ Add detail and vary the pace by following a short sentence with a longer one.

C ¿Se lleva bien o se lleva mal?

Vocabulario

agradar to please
aprensivo anxious, fearful
arrepentirse to repent, to be sorry
la ausencia absence
coquetear to flirt
culpar to blame
el cariño affection
enfadarse to get angry
engañar to deceive
fastidiar to annoy
molestar to annoy, bother
parar to stop
quejarse de to complain
la rencilla grievance, quarrel
sano healthy, sensible
traicionar to betray

1 a ¿Con cuáles de las siguientes frases te identificas?

- Si algo te molesta, lo dices.
- Cuando discutes, tiendes a subir la voz y enfadarte.
- Si alguien te contesta mal sin motivo, le contestas peor.
- En una discusión, sacas a relucir viejas rencillas.
- Odias que siempre te culpe/culpen de todo.
- Cuando discutes con los amigos, dices cosas de las que luego te arrepientes.
- Si alguien se comporta de una manera que no te gusta, dejas muy claro lo que piensas.
- Si te gustaría que un amigo fuera más solidario, más generoso o lo que sea, se lo dices.
- Tiendes a aceptar a los amigos tales como son.
- Sólo sueles enfadarte cuando existe un buen motivo para ello.
- Prefieres evitar las peleas.
- A veces tienes que tragar algo que te haya molestado.

b Con un(a) compañero/a de clase, compara tus ideas sobre las frases que seleccionasteis.

2 a Lee el texto y contesta a las preguntas.

Un día especial

Como siempre, el sábado pasado, salí con mis amigas y fuimos a comer a un bar. Estaba muy contenta, pero al llegar allí se me quitaron las ganas. Al sentarnos, vinieron unos chicos que nos caen fatal. No pararon de meterse con nosotras y, para colmo, no les dejaba de sonar el móvil. Creía que era el peor día de mi vida hasta que llegó Iván. Nos habíamos visto varias veces en el insti, pero nunca habíamos hablado. Al ver que sus amigos se metían con nosotras se enfadó y les dijo que lo dejaran. Sus amigos se fueron y él nos pidió permiso para sentarse con nosotras. Mis amigas se fueron y me invitó a dar una vuelta. Fuimos a un sitio solitario. Hablamos durante 2 horas y me llevó a casa. Ese día tan malo fue el mejor de mi vida.

Leonora

Adaptado de Revista Super Pop

i ¿Con quién se llevó mal y con quién se llevó bien Leonora?

ii ¿Leonora y sus amigas ya conocían a los chicos que llegaron al bar? ¿Cómo lo sabes?

iii ¿Cómo molestaban los chicos a las chicas?

iv ¿Iván ya era amigo de Leonora?

v ¿Cómo ayudó a las chicas Iván?

vi ¿Por fin, con quién salió Iván del bar?

vii ¿Cómo se acabó la tarde?

b 💡 Lee las historias de Leonora y de Lou y haz las actividades.

3 a Actividad de grupo: discutid vuestras opiniones sobre las siguientes preguntas. ¿Cuántas ideas podéis apuntar en 10 minutos?

¿Hay una diferencia entre los chicos y las chicas en cuanto a la amistad?

¿Qué tipo de cosas fastidian y llevan a peleas entre amigos?

¿En qué consiste una traición?

b 💡🎧 Escucha la entrevista. ¿Cómo expresan las siguientes ideas?

i Boys are more sensible about that.
ii We need constant affection.
iii the passage of time
iv Friendship has no sell-by date.
v The years go by.
vi You accept your friends' faults.

c 💡🎧 Escucha la segunda parte de la entrevista. Identifica la palabra que falta en cada expresión, luego apunta el significado de las expresiones en inglés.

i A fin de .... todos cometemos errores.
ii Perdonaría todo .... la traición.
iii Es muy difícil .... a tener confianza si la pierdes.
iv Se suelen .... las dos cosas.

d 💡🎧 Ahora escucha toda la entrevista con Nuria, Victoria y David. Apunta las ideas claves de la entrevista sobre las tres preguntas de la actividad 3a. Compara las ideas expresadas con las de tu grupo.

e 💡 ¿Cómo reaccionarías tú? (hoja de trabajo)

4 a 💡🎬 Mira el vídeo y haz las actividades.

b 💡 Escribe una carta. (hoja de trabajo)

Expresiones claves

¡ojalá!
a pesar de todo
caerle fatal a uno
cortar con
dar una vuelta
dejarle a uno de piedra
el transcurso del tiempo
enrollarse con
marcharse fuera
meterse con
nada más ...
no tener fecha de caducidad
para colmo
perdonar todo menos la traición
ponerse de los nervios
tener algo con
tener confianza

💡 **Gramática**

Using the subjunctive in different tenses

You can use the subjunctive in the imperfect or perfect.

■ After verbs or expressions denoting influence – wanting, ordering, advising, prohibiting, allowing, causing and avoiding: *Les dijo que lo **dejaran**.*

■ After verbs or expressions denoting an emotional response or value judgement: *No soporto que me **traicionara** mi chico.*

■ After expressions of possibility, impossibility, probability and improbability: *No es posible que de repente **haya cambiado**.*

■ To express wishes: *¡Ojalá que te **hayas equivocado**!*

🐾 **Estrategias**

Using idioms

Conversational Spanish includes many idioms. Notice the contexts in which they are used and include them in your own speaking and writing to be more expressive and to sound natural.

Now you should be able to:

- ■ describe your own and others' characteristics
- ■ describe the role of a friend
- ■ discuss how friendships develop
- ■ discuss difficulties within friendships

Grammar

- ■ use the passive, and find ways to avoid it
- ■ use a full range of past tenses
- ■ use time expressions with *hace*
- ■ use the imperfect subjunctive
- ■ use the perfect subjunctive

Skills

- ■ describe people
- ■ give tactful criticism
- ■ use varied sentence length
- ■ explain emotional problems

💡 ¡Haz la prueba!

1 Completa la definición.

Un amigo de confianza es …………

2 Escribe un adjetivo apropiado para describir un amigo que te critique a las espaldas.

3 Completa la frase.

Si un amigo está contigo en las buenas y en las malas quiere decir que …………

4 Completa la frase con la forma apropiada del pasivo.

La chica dijo que se sentía mal porque ………… (rechazar) por sus compañeros cuando no aprobó los exámenes.

5 Escribe una frase que tenga el mismo significado que la siguiente.

Entre amigos los defectos siempre son perdonados.

6 ¿Qué quiere decir *meter la pata*?

7 Contesta a la pregunta.

¿Cuánto tiempo hace que conoces a tu mejor amigo/a?

8 Completa la frase para aclarar el orden de los acontecimientos.

El lunes por la mañana ………… (llamar) a mi novio para pedirle perdón porque el domingo por la tarde ………… (cortar) con él sobre una tontería.

9 Escribe una palabra sinónima de *traicionar*.

10 Completa la frase con la forma apropiada del verbo.

Mi novio era muy celoso y no aguantaba que yo ………… (hablar) con otros chicos cuando salíamos.

AQA Examiner's tips

Listening

Watch out for words that sound very similar but have different meanings. Listen to where the stress falls and use the general meaning of the passage to choose the correct one.

If a word sounds very strange, it could be an abbreviation or initials. For example, *la UE* is not an actual word, but the initials of *Unión Europea*.

Speaking

Get used to giving your opinion – use *creo, pienso, me parece que, en mi opinión*……

Remember that if you say *no pienso que, no creo que, no opino que* you need to use a subjunctive to continue your sentence.

Reading

Pay attention to link words (connectors) such as *sin embargo, no obstante, al fin y al cabo*. These explain the connection between different ideas in the text.

Try not to guess answers. You may be able to arrive at the correct answer by identifying the wrong ones first.

Writing

Plan your ideas in a logical way. An essay should have a clear structure: introduction, main body and conclusion.

If you're asked to write a letter, think carefully about whether your style should be formal or informal and use the correct tone throughout. Should you use *tú* or *usted*?

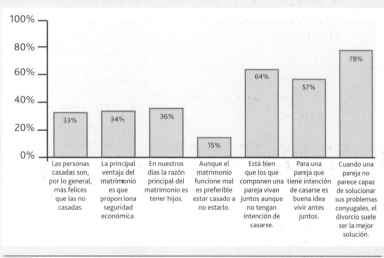

By the end of this sub-topic you will be able to:

	Language	Grammar	Skills
A **Las parejas**	■ discuss different types of partnership and attitudes towards them	■ use indefinite prounouns and adjectives ■ use the subjunctive after *alguien que*	■ use tactics for understanding new vocabulary
B **Una vida compartida: Los sueños y la realidad**	■ discuss everyday aspects of living in a partnership	■ use the imperfect subjunctive	■ make positive and negative comments; express approval/ disapproval
C **La separación y el divorcio**	■ discuss the difficulties of separation and divorce	■ recognise the future perfect and the conditional perfect	■ read for gist, read for detail

■ ¿Lo sabías?

- ■ Un 77% de los españoles prefieren casarse a vivir juntos y un 58% prefiere hacerlo por la Iglesia. Sin embargo el número de matrimonios civiles está ascendiendo – el 23% de los matrimonios se celebran en el juzgado.

- ■ La edad media de los novios aumenta año tras año, y ahora los perfiles-tipo son un varón que supera los 30 años y una mujer que casi llega a los 28 años.

- ■ Una de cada tres rupturas de matrimonios se producen en septiembre. Los sociólogos lo atribuyen a que en verano se convive más y el problema de la mala relación sale a luz.

- ■ La ley que legalizó el divorcio en España fue aprobada en 1981.

- ■ Se introdujo una enmienda a la reforma del Ley de Divorcio de 2005 que obliga a los cónyugues a 'compartir' las tareas domésticas. Las parejas que se casan 'deberán compartir las responsabilidades domésticas y el cuidado y la atención de ascendientes y descendientes'. No compartir las tareas podrá ser relevante 'ante situaciones de ruptura'.

■ Actividad preliminar

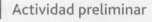

CIS

¿Con cuáles de estas afirmaciones estás tú de acuerdo? Compara tus respuestas con las de tus compañeros/as de clase.

Haz un gráfico para ilustrar los resultados de tu encuesta.

A   Las parejas

Vocabulario

bendecir *to bless*

confiar (en alguien) *to trust (someone)*

consentir (a alguien) *to spoil (someone)*

el creyente *believer*

decepcionar *to upset, distress*

del mismo género *same sex*

echar la culpa *to blame*

la enhorabuena *congratulations*

el enlace *link*

enterarse *to find out*

no escatimar gastos *to spare no expense*

estar embarazada *to be pregnant*

los impuestos *taxes*

negarse a (hacer algo) *to refuse (to do something)*

el novio/la novia *the groom/bride*

el ramo *bouquet*

los trámites *paperwork*

Expresiones claves

el matrimonio civil/por la Iglesia/homosexual

casarse

la boda

dar la enhorabuena

la vida en pareja

el noviazgo

la luna de miel

ser fiel

compartir los bienes en común

formar una familia

apoyarse el uno al otro

la ceremonia religiosa

una pareja de hecho

darse vergüenza

alegrarse que

complacer a alguien

---

1 💡 Varios tipos de parejas – haz las actividades.

2 a 💡 Lee la serie de correos electrónicos y haz las actividades.

Tengo que darte una buena noticia. Me vas a tener que dar la enhorabuena. Miguel y yo nos casamos el 6 de julio. Vendrás a la boda, ¿no? Aunque yo no soy creyente (Miguel si lo es) vamos a casarnos en la catedral. Va a ser algo especial.
Aurora

¡Pues enhorabuena! Pero en mi opinión cualquiera que se case por la Iglesia sin ser cristiana es hipócrita. ¿Estás embarazada? Si no, ¿para qué casarte? Además, según algunos estudios una boda religiosa en España cuesta casi el doble que una ceremonia civil. Me imagino que será lo mismo en México.
Belén

Para mí, no es una boda de verdad si no que me llevan al altar. Por otra parte, los gastos de trajes, convites, etc. nada tienen que ver con la boda, sea civil o religiosa.
Aurora

¡Sois estudiantes y debéis pensar en no gastar tanto! Una boda religiosa en España tienen un medio de 150 invitados y uno civil 75. En las bodas civiles no hay música ni barra libre, el vestido de la novia 'civil' cuesta entre la mitad y la tercera parte de el 'religioso'. También cuestan menos los complementos e, incluso, el ramo de la novia.
Belén

¿Pues para qué casarse si no se puede tener un banquete y un traje lindo?
Aurora

Lo más barato es no casarse ni por lo civil ni por lo religioso. No hay ninguna razón para casaros a no ser que queráis formar una familia. ¿Por qué no vivir juntos? Yo no soy de la idea de casarse. Según mi opinión nada es para siempre y en el momento de la separación hay que hacer muchos trámites. Prefiero convivir con alguien.
Belén

Estoy de acuerdo contigo. Yo también creo que hoy en día es mejor vivir juntos a menos que se quiera formar una familia o emigrar. Pero la verdad es que mis padres se han enterado de que vivimos juntos y quieren que nos casemos.
Aurora

¿Van a pagar algunos de los gastos?
Belén

Sí, todos, y no van a escatimar gastos a la hora de la boda. Si no, no hubiéramos decidido casarnos.
Aurora

Vale, pues entonces voy a la boda.
Belén

b Lee el siguiente resumen de lo que dice Aurora. Haz un resumen de lo que dice Belén.

Ejemplo: _____

Aurora se va a casar por la iglesia aunque no es creyente porque quiere una boda tradicional. Sus padres se han enterado de que su novio y ella viven juntos y quieren que se casen, por eso cubrirán los gastos de la boda.

_____

c ¿Qué ideas y principios tienen en común las dos amigas? Y ¿cuáles son sus diferencias? Compara los dos puntos de vista.

3 💡🎧 En 2005 se aprobó el proyecto de matrimonio homosexual en España. Escucha la entrevista con Carlos sobre su boda con Emilio y contesta a las preguntas.

a 💡🎧 Busca las frases en el texto con el mismo significado.

i	felicitaciones	v	contribuciones fiscales
ii	registrándonos	vi	creer
iii	convidamos	vii	prejuicio
iv	nos beneficia	viii	sufrido

b 💡🎧 Contesta a las preguntas.

i ¿Qué hicieron Emilio y Carlos para celebrar su primera boda? Menciona dos cosas.

ii ¿Dónde se conoció la pareja?

iii ¿Qué comparten Emilio y Carlos?

iv ¿Por qué dos razones quiere casarse Carlos?

v ¿A cuál boda irán más invitados – a la primera o a la segunda?

vi ¿Cómo van a celebrar su segunda boda Emilio y Carlos? Menciona dos cosas.

c 💡🎧 Escucha otra vez y escribe un resumen de lo que dice Carlos. Escribe 75–100 palabras. Puedes usar las expresiones siguientes.

> me alegro   no me gustaba la idea   es algo escandaloso
> no está bien   es una lástima   me parece bien   no me importa
> me da vergüenza   a mí me da igual (lo que piense la gente)   es una pena

d 💡🎧 ¿Qué opina la familia de Carlos e Emilio?

e Comenta con tu compañero/a sobre qué aspectos son importantes cuando dos personas deciden compartir sus vidas. Intenta establecer un orden de prioridades: ¿estáis de acuerdo sobre las siguientes ideas?

- Si quieres formar una familia es esencial casarse.
- La razón principal de tener una boda religiosa es para complacer a la familia.
- Las parejas homosexuales deben tener el derecho a adoptar niños.
- Cualquiera que tenga una boda religiosa sin ser creyente es hipócrita.
- No vale la pena casarse si no se celebra con una fiesta.
- Es mejor vivir juntos que casarse.

4 a 💡 Adapta y completa los textos. (hoja de trabajo)

b 💡 Haz el juego de roles con tu compañero/a. (hoja de trabajo)

💡 Gramática

Indefinite adjectives and pronouns

■ The pronouns *algo* and *alguien* don't change their form.

■ *Algo* can be used with an adjective or with *de* + infinitive.

■ The adjectives *alguno* and *ninguno* must agree with their noun.

■ *Alguien* followed by *que* requires the subjunctive.

■ *Mucho, poco, todo, tanto, otro, varios* and *cualquiera* are used as adjectives as well as pronouns. They must agree with the noun they describe or represent.

🔌 Estrategias

Tactics for understanding new vocabulary

■ Some nouns and adjectives are really verb past participles: *una pareja de* **hecho**, *estaba* **embarazada**.

■ Verbs can look odd with object pronouns stuck on the end (the accent is a hint): *inscribiéndo***nos**, *pagándo***lo**.

La vida compartida: los sueños y la realidad

Vocabulario

el apoyo *help, support*

dejar paso *to give way*

echar *to throw (out)*

enamorarse *to fall in love*

engañar/traicionar *to cheat, be unfaithful*

enterarse *to find out*

esperar (algo) de (alguien) *to expect (something) of (someone)*

girar *to revolve around*

mantenerse por sí mismo *to look after one's self*

meterse *to get involved*

quedarse *to keep, to stay, to remain*

soltero/a *single*

tener una relación *to have an affair*

volar el nido *to fly the nest (leave home)*

1 💡 Lee los mensajes y contesta a las preguntas.

2 a 💡🎧 Escucha a Mónica que habla sobre su matrimonio con Felipe, y haz las actividades.

b 💡🎧 Escucha otra vez la historia de Mónica y Felipe y lee las siguientes frases. Identifica las tres frases falsas.

i Mónica conoció a Felipe por un sitio internet.

ii Mónica no esperaba encontrar una pareja perfecta.

iii A Mónica le hubiera gustado vivir con Felipe antes de casarse.

iv Mónica y Felipe se casaron por lo civil.

v Mónica ya esperaba su primer hijo cuando se caso.

vi La pareja estaba muy feliz cuando se casaron.

vii Felipe nunca fue infiel.

viii La pareja ha aprendido a llevarse bien.

c Corrige las tres frases falsas de la actividad 2b.

Los sueños de Mateo, el hijo mayor de Mónica

En el futuro si me caso y tengo hijos preferiría que mi pareja trabajase fuera de la casa y tuviese su propio sueldo. Mi madre tuvo que dejar de trabajar cuando se casó y esto me parece mal. Quisiera que mi pareja no se sintiese dependiente de mí. No está bien esperar que la mujer haga todo en la casa. Mi padre no hacía nada en la casa cuando éramos pequeños incluso durante los fines de semana no fregaba ni un plato ni se hacía un café. Mi madre era su criada. Yo insistiría en que compartiésemos los quehaceres. También preferiría que compartiésemos los bienes en común. Cuando se casaron mis padres la casa estaba al nombre de mi padre y de su sueldo sólo le daba a mi madre una porción para llevar la casa. El resto se lo quedaba él. Mi madre tenía que pedirle el dinero si quería comprarse un vestido o comprarnos unos zapatos nuevos y eso no está bien. A mí me da igual ser una pareja de hecho o casarme y me gusta la idea de formar una familia con alguien, no me importa de qué raza sea, lo importante es compartir los mismos valores. Una cosa lo tengo claro, me empeñaría en que ambos cuidásemos a los niños y no me importa quedarme en casa con los niños durante un tiempo mientras mi pareja sale a trabajar.

d Lee 'Los sueños de Mateo ...'. Lee las siguientes frases y escribe V (verdadero), F (falso) o N (no se menciona).

i La madre de Mateo seguía saliendo a trabajar un vez que se casó.

ii A Mateo le gustaría que su pareja no dependiera de él.

iii Mateo no compartiría los quehaceres de la casa con su pareja.

iv A Mateo le parece bien que una pareja comparta los bienes en común.

v La madre de Mateo no tenía su propio dinero.

vi Para Mateo es importarse casarse antes de formar una familia.

vii A Mateo le da igual la raza de su futura pareja.

viii Para Mateo es preferible que su pareja se quede en casa para cuidar a los niños pequeños.

Las parejas hoy en día

La familia patriarcal que durante siglos fue dominante en España ha dejado paso a una diversidad de familias. La razón por este cambio es el nuevo modelo de la mujer independizada de su pareja. Ahora hay una serie de apoyos estatales como la baja por maternidad y el cuidado de los niños y ancianos que han permitido la incorporación de la mujer al mundo laboral. Las familias pueden ser de dos padres o dos madres, familias en que los cónyuges, después de separarse, han formado otra familia sin renunciar a la anterior; madres solteras o madres y padres solos que se deciden a adoptar uno o varios hijos. No hay un modelo de familia ni de convivencia porque cada cual tiene que inventársela en función de sus necesidades y de su historia. Ni curiosamente, gracias a esta gran variedad ya no hay exclusión de niños de padres separados, homosexuales o de raza mixta como la había hace unos años.

Adaptado de 'Las parejas hoy en día'
© EL PAIS, SL.

Expresiones claves

el cuidado de los hijos
estar juntos
el síndrome del nido vacío
esperar de (alguien)
la vida de casados
tomar las cosas en serio
apoyarse el uno al otro

Actitudes

me da igual que
no me importa que
me parece bien que
es escandaloso que
es una pena que
no está bien que
es lástima que

Estrategias

Positive and negative comments

■ There are many expressions with infinitives that you can use to express approval or disapproval of a **general** situation or idea, for example: *no me importa casarme*.

■ You can also use these expressions to refer to someone's **particular** situation or behaviour. For this you need *que* and another subject, and the second verb has to be in the subjunctive: *me da igual que mi madre trabaje*.

Gramática

The imperfect subjunctive

■ You know that certain expressions require the use of the subjunctive. When the main verb is in the preterite or imperfect tense, you need the **imperfect subjunctive.**

■ It is also used when the verb in the main clause is in the **conditional**.

3 Lee el artículo 'Las parejas hoy en día' y contesta a las siguientes preguntas.

i ¿Qué ha reemplazado al modelo de familia donde dominaba la figura del padre?

ii ¿Qué ha causado el cambio?

iii ¿Cuáles apoyos da el estado a la mujer que quiere trabajar?

iv Apunta dos ejemplos de los tipos de familias que se encuentran hoy en día.

v ¿Qué resultado ha tenido la gran variedad de familias?

4 a 🔲🎧 Seis personas hablan de sus problemas. ¿Qué te parece cada uno de los problemas? Utiliza las siguientes expresiones para componer una frase sobre cada problema.

Ejemplo:

Me parece bien que Lucía haya echado de casa a su marido porque él no es una persona formal.

Me da igual que ...

No me importa que ...

Me parece bien que ...

Es escandaloso que ...

No está bien que ...

b 🔲 Describe las diferentes etapas de una relación de alguien que conozcas. (hoja de trabajo)

c 🔲 Comenta con tu pareja sobre qué aspectos son importantes en cuanto al vivir en pareja. (hoja de trabajo)

C · La separación y el divorcio

Expresiones claves

el divorcio fue por consenso/ amistoso

tener/compartir la custodia de los niños

por el bien de los hijos

por segunda vez

a partir de los tres meses

tras menos de cinco años

falta determinar ...

... el régimen de visitas

... la pensión alimenticia

... quién tendrá la custodia de los niños

1 a 💡🎧 Escucha y contesta a las preguntas en español.

i ¿Qué premio de belleza ganó Cecilia Bolocco?

ii ¿De qué nacionalidad es Carlos Menem?

iii ¿De qué nacionalidad es Cecilia Bolocco?

iv ¿Qué diferencia de edad hay entre el ex-presidente y su esposa?

v ¿Dónde estaban Cecilia y su 'amigo' en las fotos 'comprometedoras'?

b 💡🎧 Escucha otra vez. Las siguientes frases resumen el reportaje. Ponlas en orden. Luego, para cada evento, apunta el año.

i Carlos Menem y Cecilia Bolocco se casan.

ii Carlos Menem es elegido presidente de Argentina.

iii Se inician los trámites de divorcio.

iv Nace Máximo.

v Se publican fotos comprometedoras de Cecilia en la prensa.

vi La pareja se separa.

vii Cecilia Bolocco es elegida Miss Universo.

c 💡 Escribe un reportaje sobre el divorcio de una pareja de famosos. Menciona por qué se divorcian y el proceso de divorcio. (hoja de trabajo)

2 💡🎧 Amelia tiene un problema con su ex marido, Ricardo, sobre la custodia de su hijo, Carlitos. Escucha la conversación entre Amelia y su amiga Manuela y haz las actividades.

El 75% de los nuevos matrimonios en España acaba en divorcio

El 'divorcio exprés' irrumpió en la vida de los españoles el 8 de julio de 2005 y les dio la oportunidad de acceder al divorcio a partir de los tres meses de matrimonio.

A pesar de lo controvertido de su implantación, lo cierto es que su uso es de un éxito rutilante: durante el pasado año se produjeron 141.817 divorcios en nuestro país.

En los últimos cinco años hasta 2006 las tasas de divorcios han crecido un 277%, colocando a España a la cabeza de la Unión Europea como el país donde más se divorcian.

Por cada cuatro nuevos matrimonios hay tres divorcios, lo que supone una ruptura a cada 3,7 minutos y 386 divorcios al día. Uno de cada cinco divorcios en España se produce tras menos de cinco años de matrimonio.

Para más del 8% de los ex cónyuges éste no ha sido su primer divorcio, mientras que para la gran mayoría habrá significado el final de su único matrimonio hasta el momento. Por otro lado, casi la mitad de las parejas que se divorcian – el 48,97% – tiene hijos menores de edad.

Si sigue esta tendencia, en 2010 por cada pareja que se case *se habrá divorciado* otra.

www.20minutos.es

3 Lee el artículo a la izquiera. ¿A qué se refieren las siguientes cifras?

i   141.817   iv 8

ii 277   v   48,97

iii 386   vi 2010

Centenares de padres separados apenas pueden ver a sus hijos

La separación de una pareja significa en muchos casos perder de vista a los hijos. «El 75% no ve a sus hijos hace años y el 20% lo hace con muchos problemas», explica Juan José Valero, el presidente de Apfsa (la Asociación de Padres de Familia Separados de Aragón).

Las mujeres se quedan con la custodia de los niños en el 95% de los casos y los padres se conforman con verlos unas horas cada 15 días. Sin embargo, algunas madres impiden a sus ex maridos mantener contacto con ellos alegando que los hijos no quieren verles.

Así comienza un rifirrafe (más de la mitad de los divorcios son con hostilidades) en el que los niños son los más perjudicados. Muchos desarrollan el síndrome de alienación paternal, es decir, odian a un padre que les quiere, porque la madre les habla mal de él.

«Los niños sufren mucho y los padres que no pueden verlos llegan a la asociación desesperados», señala Valero.

La asociación lucha por la igualdad y la custodia compartida a pleno derecho.

Adaptado de www.20minutos.es

FAQs | Noticias | Acceso directo | Arriba

Inicio | Índice | Sitemap | Ayuda | Versión texto

4 a Contesta a las siguientes preguntas.

   i   ¿Según el texto, qué pasa con frecuencia cuando se separa una pareja?

   ii   ¿Quién es Juan José Valero?

   iii ¿Por qué se conforman los padres con ver a sus hijos por tan poco tiempo?

   vi   ¿Cuál es la razón que dan algunas madres al impedir a sus ex parejas ver a los hijos?

   v   ¿Qué significa el 'síndrome de alienación paternal'?

   vi   ¿Cómo se sienten los padres que acuden a Apfsa?

   vii ¿A favor de qué hace campaña Apfsa?

   b 🔦 Lee la historia y contesta a las preguntas.

5 🔦 Busca una historia de divorcio de celebridades en internet. Prepara un resumen y preséntalo a tu compañero/a. (hoja de trabajo)

Vocabulario

alegar *to allege*

los ex cónyuges *ex-marrieds*

la infidelidad *being unfaithful, adultery*

los malos tratos *abuse*

la pensión alimenticia *alimony*

el régimen de visitas *visiting rights*

los trámites de divorcio *divorce procedures*

🔦 **Estrategias**

Reading for gist

■ Look at the layout, headings and pictures.

■ Note key words that appear frequently.

■ Look out for quotes which may tell you key facts or opinions.

Reading for detail

■ Look out for names, numbers, dates.

■ To help you understand an unfamiliar word, look at its role in the sentence, and look at prefixes and word endings.

💡 **Gramática**

Recognising the future perfect and the conditional perfect tenses

■ The future perfect tells you what will have happened: *Me **habrá quitado** mi niño y me **habrá quitado** la mitad de mis ingresos también.*

■ The conditional perfect tells you what would have happened: *No **habría aceptado** este trabajo …*

Now you should be able to:

- ■ discuss different types of partnership and attitudes towards them
- ■ discuss everyday aspects of living in a partnership
- ■ discuss the difficulties of separation and divorce

Grammar

- ■ use indefinite prounouns and adjectives
- ■ use the subjunctive after *alguien que*
- ■ use the imperfect subjunctive
- ■ recognise the future perfect and the conditional perfect

Skills

- ■ use tactics for understanding new vocabulary
- ■ make positive and negative comments; express approval/ disapproval
- ■ read for gist, read for detail

💡 ¡Haz la prueba!

1 Complete the sentences using indefinite adjectives or pronouns.

Opino que .... que se case por la Iglesia sin ser cristiano es hipócrita. Según .... estudios las bodas religiosas cuestan casi el doble que las civiles. Los novios deberían pensar en no gastar .... dinero. Además, no veo que haya .... razón para casarse a no sea que quieran formar una familia

2 Escribe una definición de 'una pareja de hecho'.

3 Completa las frases usando un verbo en el presente del subjuntivo.

Me parece una vergüenza que las parejas no .... los quehaceres de la casa. También es una lástima que muchos padres no .... de los hijos.

4 Traduce la frase.

Habría sido más justo si los padres hubiesen compartido la custodia de los hijos.

5 ¿A qué se refiere esta definición?

La cantidad de dinero que paga un padre o una madre a su ex-pareja que tiene la custodia de los hijos para alimentarles, tal y como se acuerda en la resolución de divorcio.

6 Completa las frases, poniendo los verbos en el imperfecto del subjuntivo.

Ella buscaba alguien que .... (ser) honesto pero sus padres esperaban que .... (encontrar) un hombre que .... (tener) mucho dinero.

7 Escribe una frase que tenga el mismo significado que la siguiente.

Al principio no me gustaba que mi hijo fuera gay, pero como padre decidí tratar de aceptarlo.

8 Escribe una frase que muestra aprobación por la custodia compartida de los hijos.

9 Rellena los espacios con palabras apropiadas.

A Fátima no le .... mal que su hijo .... novias españolas pero .... que su hija se .... con un hombre de su cultura.

10 Escribe una respuesta apropiada a esta opinión.

¿Para qué casarse si no se puede tener un gran banquete y un traje lindo de marca?

AQA ✎ Examiner's tips

Listening

Do not listen to a particular section of the recording more than three times. If you can't understand it, come back to it later. You will probably find it easier next time round.

Speaking

En mi opinión is never followed by a subjunctive even if a negative opinion is given.

Choose vocabulary that allows you to demonstrate your ability at this level of study.

Writing

For the AS Level exam, you may be required to write an article, a personal letter or an official letter. Revise the styles for these different types of response.

Gramática

1 Nouns and articles

1.1 Gender of nouns

Masculine noun endings

Nouns ending in -*o* are masculine, with a few exceptions such as:

la foto, la mano, la moto, la radio, la modelo

Most nouns ending in -*e* are masculine, but there are some exceptions:

la calle, la carne, la clase, la frase, la gente, la leche, la llave, la muerte, la noche, la parte, la sangre, la suerte, la tarde

Other common masculine noun endings are:

-i, -l, -r, -u

Feminine noun endings

Almost all nouns ending in -*a* are feminine. However most words ending in -*ma* are exceptions, in addition to the following example:

el día, el mapa, el planeta, el problema, el programa, el tema

Other common feminine noun endings are:

-ión (except *el avión*), *-dad, -tad, -tud, -dez, -ed, -ie* (except *el pie*), *-iz* (except *el lápiz*), *-sis* (except *el análisis, el énfasis, el paréntesis*), *-umbre*.

1.2 Plural forms of nouns

Most nouns end in an unstressed vowel, and these just add -*s* for the plural.

Nouns ending in a consonant add -*es*.

Los presentadores no respetan a los concursantes.
The presenters don't respect the competitors.

Words whose last syllable is unstressed and ends in -s, do not change in the plural:

*Los **lunes** hay tres **autobuses** para Sevilla.*
On Mondays there are three buses to Seville.

1.3 Definite and indefinite articles

The definite article (*el*, *la los*, *las*)

Use a definite article when the noun refers to a specific object or phenomenon …

*Me duele **la** cabeza.*
My head hurts.

***La** televisión es una herramienta educativa.*
Television is an educational resource.

… or to a general group:

***Los** niños ven programas que fomentan la agresividad.*
Children watch programmes that provoke agression.

***Los** domingos*   on Sundays

You also need the definite article to give the time:

*a **las** 13.00 horas*
at 1 o'clock

Leave the article out before a country …

'Telebasura' es un término despectivo usado en España.
'Telebasura' is a pejorative term used in Spain.

… unless the country is qualified (described) by a phrase or an adjective:

***La** España del siglo XXI*
21st century Spain

The indefinite article (*un*, *una*, *unos*, *unas*)

Leave the article out before nouns of occupation or nationality.

Mi padre es electricista.
My father's an electrician.

La presentadora es mejicana.
The presenter is Mexican.

In its plural form, *unos/unas* means 'some' but it is often not translated at all.

*La telebasura crea **unos** arquetipos indeseables.*
Junk TV creates (some) undesirable stereotypes.

The neuter article (*lo*)

Use *lo* with an adjective to form an abstract noun, 'the [adjective] thing'.

***Lo malo** es que emiten el programa muy tarde.*
The bad thing is they put the programme on very late.

***Lo fundamental** es navegar con prudencia.*
The main thing is to surf (the internet) with caution.

The adjective after *lo* is always masculine and singular.

2 Adjectives and adverbs

2.1 Adjective agreement and position

Adjectives must agree in gender and number with their noun.

el zapato	la bota	los zapatos	las botas
rojo	negra	rojos	negras

Adjectives are normally placed after the noun, but there are some exceptions. The following adjectives are placed before the noun. They also lose their final -*o* when the following noun is masculine singular. Notice when an accent is needed to keep the stress on the correct syllable.

algún/alguno	alguna	algunos	algunas
mal/malo	mala	malos	malas
ningún/ninguno	ninguna	no plural form	
primer/primero	primera	primeros	primeras
tercer/tercero	tercera	terceros	terceras

*El **tercer** episodio fue mejor que el **primero**.*
The third episode was better than the first.

***Algunos** cantantes no tienen **ningún** talento.*
Some singers have no talent.

The adjective *grande* loses the final *-de* before a singular noun, masculine or feminine.

el gran hermano, una gran casa

2.2 Comparatives and superlatives

To form comparatives use ***más** + **adjective/adverb***:

*Esta plancha es **más potente**.*
This iron is **more powerful**.

*Con ésta, planchas **más fácilmente**.*
With this one, you iron **more easily**.

To compare two things which are equal, use ***tan** + **adjective/adverb** + **como***:

*El zumo de naranja Todo Fruta es **tan natural como** el amanecer.*
Todo Fruta orange juice is **as natural as** the dawn.

*Cómete un Chocomuesli y correrás **tan rápido como** un jaguar.*
Eat a Chocomuesli and you'll run **as fast as** a jaguar.

Remember that some comparative forms are irregular:

bien	mejor
bueno	mejor (**más bueno** is sometimes used for 'better in character')
grande	mayor (**más grande** is sometimes used)
mal, malo	peor
mucho	más
pequeño	menor ('younger') más pequeño

To form superlatives, use the **definite article + *más* + adjective**:

*Éste es **el** coche **más increíble**.*
This is **the most incredible** car.

In Spanish there is also an absolute superlative (the most … of all), formed by removing the vowel from an adjective and replacing it with the endings *-ísimo*, *-ísima*, *-ísimos*, *-ísimas*.

*Moda en el Corte Inglés – ¡**elegantísima**!*
Fashion in *Corte Inglés* – the height of elegance!

2.3 Demonstrative adjectives and pronouns

this		these	
este	esta	estos	estas

that (not very distant)		those (not very distant)	
ese	esa	esos	esas

that (more distant)		those (more distant)	
aquel	aquella	aquellos	aquellas

este cine, ese director, aquellas películas
this cinema, that director, those films

Like other adjectives, demonstrative adjectives must agree with the noun they describe.

***Este anuncio** es muy efectivo.*
This ad is very effective.

***Esa foto** no es interesante.*
That photo isn't interesting.

***Aquellos carteles** son más llamativos.*
Those posters are more striking.

These words are also used as **demonstrative pronouns**, that is as 'standalone' words representing a noun. When they are pronouns, they have an accent.

***Éste** es el mejor producto en el mercado.*
This is the best product on the market.

*No me gusta este vino, prefiero **ése**.*
I don't like this wine, I prefer **that one**.

*No compraría **aquéllos**.*
I wouldn't buy **those**.

2.4 Indefinite adjectives and pronouns

The indefinite pronouns *algo* and *alguien*

The pronouns *algo* (something) and *alguien* (someone) don't change their form.

Algo can be used on its own …

*Apuntaba **algo**.*
He was noting **something** down.

… or with an adjective, in which case it means 'quite', 'rather', or 'a bit' …

*Es **algo escandaloso**.*
It's **rather scandalous.**

… or with *de* + infinitive:

*¿Quieres **algo de comer**?*
Do you want **something to eat**?

Alguien can be used on its own …

*Busco a **alguien**.*
I'm looking for **someone**.

… or followed by *que* + a verb, in which case it requires the subjunctive (because there is some **doubt** as to whether the person exists [see 4.11]:

*Busco a **alguien que me respete**.*
I'm looking for **someone who respects me**.

The indefinite adjectives *algún/alguno/alguna/algunos/algunas* and *ningún/ninguno/ninguna*

Alguno means 'some' and must agree with its noun. It drops the -o ending and gains an accent when it is placed before a masculine singular noun.

Algunas chicas, algún talento, algunos estudiantes
Some people, some talent, some students

Ninguno means 'some' and must agree with its noun. Like *alguno*, it drops the -o ending and gains an accent when it is placed before a masculine singular noun, but it has no plural forms, since its meaning is 'not one'.

Ninguna chica, ninguna idea, ningún estudiante
no/not one girl, no idea, no student(s)

[see also 2.1]

Mucho, poco, todo, tanto, otro, cualquier and *varios*

These are used as adjectives as well as pronouns.

They must agree with the noun they describe (when they are adjectives) or represent (when they are pronouns): *cualquier persona, poca gente*.

Todas las parejas *tienen problemas de vez en cuando.*
All couples have problems from time to time.

Un abrazo a ***todos****, Paco.*
Love to **everyone**, Paco.

Tanto shortens to *tan* before adjectives.

No hay ***tantos*** *matrimonios civiles. No es* ***tan*** *importante.*
There are not **that many** civil partnerships. It's not **so** important.

Cada

Although *cada* is an adjective, it never changes.

Cada individual tiene su punto de vista.
Every individual has their point of view.

2.5 Possessive adjectives and pronouns

A **possessive adjective** must agree with its noun.

Mi padre *ha tenido tres mujeres.*
My father has had three wives.

Las relaciones con ***mis hermanas*** *son excelentes.*
Relationships with **my sisters** are excellent.

Coexisten en ***nuestra sociedad****, nuevas formas familiares.*
New family forms co-exist in **our society**.

Mi, mis, tu, tus, su, sus are the same for masculine and feminine.

Nuestro (our) and *vuestro* (your, 2nd person plural, familiar) have masculine and feminine forms in singular and plural:

singular		plural	
masculine	feminine	masculine	feminine
mi	mi	mis	mis
tu	tu	tus	tus
su	su	sus	sus
nuestro	nuestra	nuestros	nuestras
vuestro	vuestra	vuestros	vuestras
su	su	sus	sus

Possessive pronouns follow the noun or are freestanding.

The definite article is needed with possessive pronouns, except when the pronoun is introduced by the verb ser.

Juan Ramón dice que ***la suya*** *no es una familia genética sino de elección.*
Juan Ramón says that **his** is not a genetic family but one created by choice.

Juan Ramón dice que Jorge no es ***hijo suyo****.*
Juan Ramón says that Jorge is not **his son.**

Like possessive pronouns, possessive adjectives must agree (with the noun they represent), but the pronouns all have masculine and feminine forms in singular and plural.

singular		plural	
masculine	feminine	masculine	feminine
mío	mía	míos	mías
tuyo	tuya	tuyos	tuyas
suyo	suya	suyos	suyas
nuestro	nuestra	nuestros	nuestras
vuestro	vuestra	vuestros	vuestras
suyo	suya	suyos	suyas

2.6 Interrogative adjectives and pronouns

Here are the most common interrogative words. They do not change their form, except that they have an accent when they are used in questions. The accent is not needed in statements.

¿Cuándo ...?	When ...?
¿Dónde ...?	Where ...? (position)
¿Adónde ...?	Where to ...? (destination)
¿Cómo ...?	How ...?
¿Por qué ...?	Why ...?

– *¿Cuándo vuelves?*
– When are you coming back?

– *No sé cuando.*
– I don't know when.

– *¿Por qué vas a la cama tan temprano?*
– Why are you going to bed so early?

¿Cuánto ...?

¿Cuánto ...? does not change its form when it is a pronoun ...

*¡**Cuánto** cuestan?*
How much are they?

… but it must agree with its noun when it is an adjective:

*¡**Cuántos** años tienes?*
How old are you?

¿Qué …? and ¿Cuál …?/¿Cuáles …?

To ask 'what …?', use *¿qué …?*

*¡**Qué** quieres?*   **What** do you want?
*¡**Qué** son los pronombres?*   **What** are pronouns?

To ask 'which …?', use *¿cuál …?/¿cuáles …?* when you need a pronoun …

*¡**Cuál** de estas preguntas es más difícil?*
Which (one) of these questions is harder?

*¡**Cuáles** de todas sus canciones prefieres?*
Which (ones) of all his tracks do you prefer?

… but use *¿qué …?* when you need an adjective:

*¡**Qué** respuesta vas a elegir?*
Which answer are you going to choose?

Although *cuál* has a plural form, *qué* never changes.

¿Quién…?/¿Quiénes …?

Like *cuál*, *quién* has a plural form.

Quién/quiénes can be used on their own or with prepositions.

*¡**Quién** habla?*
Who's speaking?

*¡**Quiénes** son?*
Who are they

*¡**A quién** viste en el bar?*
Who(m) did you see in the bar?

*¡**De quién** es este móvil?*
Whose is this mobile?/**Whose** mobile is this?

Using interrogative words to make exclamations

The interrogative words *cuánto, cómo* and *qué* are used – with their accents in place – to make exclamations.

¡Cuánto me aburre!   How boring he is!
¡Cómo! ¡No es posible!   What! It's not possible!
¡Qué tonto!   How stupid!

2.7 Relative adjectives and pronouns

Relative pronouns are words like 'who', 'which' and 'that', used to connect two parts of a sentence.

*No teníamos familiares cerca **que** pudieran ayudarnos.*
We didn't have family members nearby **who** could help us out.

The relative pronoun is often left out in English but not in Spanish:

*Mi hijo escucha música **que** a mi no me gusta, y tiene amigos **a quienes** no aguanto.*
My son listens to music (**that**) I don't like, and has friends (**whom**) I can't stand.

A preposition used with a relative pronoun cannot be separated from it, as happens in English:

*Los problemas **de los cuales** hablaba son muy comunes.*
The problems (**that**) he was talking **about** are very common.

Que is the most common of the relative pronouns. It is used

- as a subject pronoun:

*No teníamos abuelos **que** pudieran ayudarnos.*
We didn't have grandparents **who** could help us.

- as an object pronoun for things (not people):

*Le dejo elegir los programas **que** vemos.*
I let him choose the programmes (**that**) we watch.

The pronouns *el que, la que, los que, las que* are used after prepositions.

*La mujer **de la que** se enamoró*
The woman he fell in love with (= **with whom** he fell in love)

*El día **en el que** comenzó el curso*
The day (**that/on which**) the course started

Quien and its plural *quienes* are used after a preposition when referring to people, not things. They can replace *que*.

*Es ella **quien** tiene que planificarlo.*
It's she who has to plan it.

Cuyo, meaning 'whose' is an adjective. It agrees in number and gender with its noun.

*Trato de que no vuelva a salir con amigos **cuya** influencia puede ser mala.*
I try to stop him going out with friends **whose** influence could be a bad thing.

The neuter pronouns *lo que/lo cual* refer to a general idea or a whole phrase, rather than a specific noun.

*Puede comprar **lo que** quiera.*
He can buy **what** he wants.

2.8 Adverbs and adverbial phrases

In Spanish, adverbs are formed by adding the ending **-mente** to the feminine form of the adjective where there is one:

rápido	rápida	rápidamente
correcto	correcta	correctamente

When two '-mente' adverbs appear together, the first one loses the ending -mente but it remains in the feminine form.

*Hay que trabajar los músculos **correcta y periódicamente**.*
You have to exercise your muscles correctly and regularly.

Some common adverbs are irregular:

bien (well), *mal* (badly), *despacio* (slowly)

Some are words you already know but may not think of as adverbs; they are used as intensifiers and quantifiers, i.e. to show how strongly the adjective applies:

muy, más, mucho, poco, bastante, demasiado, tanto

Adverbs usually add detail to verbs …

*¿**Vas frecuentemente** al cine?*
Do you **often go** to the cinema?

.. but they can also add detail to adjectives, specifying the intensity of the adjective.

*Fue un momento **particularmente importante**.*
It was an **especially important** time.

Adverbial expressions – phrases that work like adverbs – are at least as common as single-word adverbs. Here are two standard types:

- use **con** with the noun
  con frecuencia instead of *frecuentemente*
  con respeto instead of *respetuosamente*

- use **de manera** with a feminine adjective:
  de manera tímida, de manera teatral, de manera experta

Masculine singular adjectives are also sometimes used as adverbs:

*Hablan **rápido**.*   They talk **quickly**.
*Se venden **barato**.*   They are sold **cheap(ly)**.

Comparatives and superlatives of adverbs

[see 2.2 Comparatives and superlatives]

▊ 3 Pronouns

3.1 Subject pronouns

The subject pronouns are:

singular		plural	
I	yo	*we*	nosotros
you	tú	*you*	vosotros
he/it	él	*they (masculine or a mix of masc. + fem.)*	ellos
she/it	ella	*they (feminine)*	ellas
you (formal)	usted (Vd.)	*you (formal)*	ustedes (Vds.)

They are rarely used in Spanish except

- when they are needed for clarity:

  ***Ella** ya es estudiante, pero **él** ha dejado de estudiar.*
  She is still a student, but **he** has finished studying.

- for emphasis:

  ***Yo** estoy de acuerdo, pero que opinas **tú**?*
  I agree, but what do **you** think?

  Ustedes is usually kept, simply for politeness.

  *¿Qué buscan **ustedes**?*   What are you looking for.

3.2 Object pronouns

Direct object pronouns

The direct object pronouns are:

singular		plural	
I	me	*we*	nos
you	te	*you*	os
he/it	lo (le)	*they (masculine or a mix of masc. + fem.)*	los (les)
she/it	la	*they (feminine)*	las
you (formal)	lo (le), la	*you (formal)*	los (les), las

- In Spanish the words for **him/her** or **it** are **lo** (masculine) and **la** (feminine)

- In some areas of Spain, **le** is used instead of **lo** for **people only**.

- **La** is **always** used for **female people** and **feminine nouns**.

- Remember to use the same pronouns for ***usted*** and ***ustedes*** as you would use for the third person.

Position of direct object pronouns

Direct object pronouns usually come in front of the verb:

*Ya **lo** oigo.*
I can hear him/it.

***Le** llamaré esta tarde, señor.*
I'll call you this afternoon, señor.

*¿**Me** escuchas?*
Are you listening to me?

*¡No **me** estás escuchando!*
You aren't listening to me!

*Ya **te** oigo.*
I can hear you now.

*Nunca **nos** llaman.*
They never call us.

***Os** llamaré pasado mañana.*
I'll call you the day after tomorrow.

However, when they are used with a gerund (e.g. in a continuous tense) or an infinitive, they can be tacked onto the end:

Las estamos escuchando or *Estamos escuchándolas*
We are listening to them.

No puedo hacerlo en seguida.
I can't do it immediately.

No quiero escucharte.
I don't want to listen to you.

In positive commands, they have to be tacked onto the end which usually means that an accent is needed on the verb to keep the stress in the right place:

¡Mírame!
Watch me!

Me encanta esta canción. ¡Escúchala!
I love this track. Listen to it!

But in negative commands, they stay in their usual position, in front of the verb:

¡No lo escuches!   Don't listen to it!

¡No la escuches!   Don't listen to her!

When there is more than one verb, the object pronoun can go before the first verb or tacked onto the second one, but **it never goes in the middle**!

La están mirando or *Están mirándola.*
They are watching it/her.

Indirect object pronouns

First and second person indirect object pronouns (to me, to you, to us) are *me*, *te*, *nos* and *os*, the same as the direct object pronouns.

The third person indirect object pronouns (to him, to her, to them, to you (*usted*)) are *le* (for both masculine and feminine singular) and *les* (for all plurals).

The rules for position of indirect object pronouns are the same as for direct object pronouns.

¿Me pasas este CD?
Will you pass **(to) me** that CD?

Te daré diez euros.
I'll give **(to) you** ten euros.

Le devolverán su álbum pronto.
They'll soon return his album **to him.**

Le digo que usted no puede entrar sin entrada, señor.
I tell **(to) you**, you can't go in without a ticket, sir.

Por favor, mándenos un emilio.
Please send **(to) us** an e-mail.

Señoras, voy a ofrecerles un CD como premio.
Ladies, I am going to offer **(to) you** a CD as a prize.

Salió sin decirles gracias.
He left without saying thank you **to them.**

Word order of pronouns when you need both indirect and direct

If two or more object pronouns occur together, the indirect object pronoun always comes before the direct object pronoun, whereas in English the order can vary.

Te los mandaré mañana.
I'll send **you them** tomorrow.

Os las damos en seguida.
I'll give **you them** straight away.

Me lo explicó ayer.
She explained **it to me** yesterday.

If *le* or *les* is followed by another 3rd person object pronoun (e.g. *lo*, *las*), the *le* or *les* changes to *se*. This is purely to avoid the clumsy sound of too many words beginning with *l-* coming one after another. Where this happens, you need to use the context to work out who 'se' represents.

¿Se lo mandaste?
Did you send **it to him/her/them**?

Voy a devolvérselas en seguida, Señora.
I'll **give them back to you** straight away, *señora*.

¡Dáselos en seguida!
Give **them to him/her/them** immediately!

3.3 Disjunctive (or emphatic) pronouns

The disjunctive pronouns are:

singular	plural
mí	nosotros
ti	vosotros
él	ellos
ella	ellas
usted (Vd.)	ustedes (Vds.)

They are identical to the subject pronouns, except for *mí* and *ti* (*mí* has an accent simply to distinguish it from the possessive adjective *mi*).

These pronouns are used after prepositions (eg: *por, para, de, en, a*):

¿Es imprescindible para ti el móvil?
Is your mobile essential to **you**?

A mí me gusta más navegar en internet que leer.
I prefer surfing the internet to reading.

No quiero hablar de ella.
I don't want to talk about **her**.

Conmigo, contigo, consigo

After *con* the 1st, 2nd and 3rd person singular are tacked on to make *conmigo, contigo, consigo*.

¿Quieres venir al cibercafé conmigo?
Do you want to come to the internet café **with me**?

llevó el paragua **consigo** *porque iba a llover.*
He took the umbrella **with him** because it was going to rain.

Contigo? ¿Estás loco?
With you? Are you kidding?

Not all prepositions require disjunctive pronouns. The prepositions *entre*, *según*, *excepto*, *menos* and *salvo* are followed by subject pronouns:

Según **tú**, *nadie menos* **yo** *vio aquel mensaje.*
According to you, no-one but me saw that message.

Demonstrative pronouns

[see 2.3 Demonstrative adjectives and pronouns]

Indefinite pronouns

[see 2.4 Indefinite adjectives and pronouns]

Possessive pronouns

[see 2.5 Possessive adjectives and pronouns]

Interrogative pronouns

[see 2.6 Interrogative adjectives and pronouns]

Relative pronouns

[see 2.7 Relative adjectives and pronouns]

Reflexive pronouns

[see 4.17 Reflexive verbs]

4 Verbs

4.1 The present tense

Usage

The Spanish present tense has the same usage as the English present tense, to express what is happening at the present time, and what happens regularly.

¿Qué haces cuando te pones triste? Llamo a mis amigos.
What do you do when you feel unhappy? I ring my friends.

Siempre voy al centro deportivo los sábados por la mañana.
I always go to the sports centre on Saturday mornings.

It can also be used to talk in a more lively way in a narrative, for example when you describe the plot of a film.

La mujer corta con su novio, se enrolla con otro hombre, pero no se da cuenta que es una persona peligrosa …
The woman breaks off with her boyfriend, and gets involved with another man, but she doesn't realise he's a dangerous person …

As in English, the present tense is also used to refer to something planned for the near future.

Mañana salgo con mis amigos.
Tomorrow I'm going out with my friends.

Formation of regular verbs

Add the following endings to the stem of the verb:

hablar	comer	vivir
hablo	como	vivo
hablas	comes	vives
habla	come	vive
hablamos	comemos	vivimos
habláis	coméis	vivís
hablan	comen	viven

Formation of irregular verbs

Some verbs are irregular in the present tense, but often it is only the 1st person singular that is irregular. The most common irregulars are:

dar	**doy**, das, da, damos, dáis, dan
decir	**digo**, **dices**, **dice**, decimos, decís, **dicen**
estar	**estoy**, estás, está, estamos, estáis, estan
haber	**he**, **has**, **ha**, **hemos**, habéis, **han**
hacer	**hago**, haces, hace, hacemos, hacéis, hacen
ir	**voy, vas, va, vamos, váis, van**
oír	**oigo, oyes, oye**, oímos, oís, **oyen**
poner	**pongo**, pones, pone, ponemos, ponéis, ponen
saber	**sé**, sabes, sabe, sabemos, sabéis, saben
salir	**salgo**, sales, sale, salimos, salís, salen
ser	**soy, eres, es, somos, sois, son**
tener	**tengo, tienes, tiene**, tenemos, tenéis, **tienen**
venir	**vengo, vienes, viene**, venimos, venís, **vienen**
ver	**veo**, ves, ve, vemos, veis, ven

Note: Remember that some verbs change their spelling in the present tense, according to certain set patterns, for example *qu**ie**ro*, *j**ue**go*, *pref**ie**ro*.

[See 4.16 Radical-changing verbs.]

4.2 The present continuous tense and the gerund

Usage

The present continuous tense is the Spanish equivalent of the English form 'I am/you are/he is etc. …-ing'.

¿Que estás leyendo? Estoy leyendo El País.
What are you reading? I'm reading *El País*.

Formation of regular verbs

Use the appropriate part of the present of *estar* with the gerund (the part of the verb which is equivalent to English '-ing').

The gerund is formed as follows:

-*ar* verbs	>	-*ando*
-*er*/-*ir* verbs	>	-*iendo*

Here are examples for each person of the verb:

estoy cantando	I am singing
estás escuchando	you are listening

está tocando	he/she is playing	
estamos bailando	we are dancing	
estáis comiendo	you are eating	
están bebiendo	they are drinking	

Formation of irregular verbs

A few verbs have slightly irregular gerunds:

caer	cayendo
creer	creyendo
dormir	durmiendo
leer	leyendo
oír	oyendo
preferir	prefiriendo

[see also imperfect continuous 4.4]

4.3 The preterite tense

Usage

The preterite tense in Spanish is very similar to the English 'simple past' tense, using just one word to describe a single, completed action. So you need it for narrative accounts and reports of past events, and also to refer to single events in the past.

*El partido **acabó** a las once.*
The match **finished** at 11 o'clock.

*¿Adónde **fuiste** de vacaciones?*
Where **did you go** on holiday?

Formation of regular verbs

With most Spanish verbs the stem for the preterite is like the stem for the present.

Add the following endings to the stem of the verb. The endings for *-er* and *-ir* verbs are the same.

hablar	comer	subir
hablé	comí	subí
hablaste	comiste	subiste
habló	comió	subió
hablámos	comimos	subimos
hablastais	comisteis	subisteis
hablaron	comieron	subieron

Formation of irregular verbs

Many common and some less common Spanish verbs are irregular in the preterite, for example *ser* and *estar, conducir, dar, decir, hacer, ir, poder, poner, querer, tener, traer, venir* and *ver*.

	ser	ir
The verbs *ser* and *ir* have the same form in the preterite; you have to use the context to work out which verb is being used!	fui	fui
	fuiste	fuiste
	fue	fue
	fuimos	fuimos
	fuisteis	fuisteis
	fueron	fueron

	tener	estar	andar
Here are are three more verbs whose form is quite similar.	tuve	estuve	anduve
	tuviste	estuviste	anduviste
	tuvo	estuvo	anduvo
	tuvimos	estuvimos	anduvimos
	tuvisteis	estuvisteis	anduvisteis
	tuvieron	estuvieron	anduvieron

	decir	traer	conducir
These three verbs have a 'j' in their preterite.	dije	traje	conduje
	dijiste	trajiste	condujiste
	dijo	trajo	condujo
	dijimos	trajimos	condujimos
	dijisteis	trajisteis	condujisteis
	dijeron	trajeron	condujeron

You will also need to know the preterite forms of the following verbs. They are all irregular, but they have patterns in common which make them a bit easier to learn. None of them has any accents.

dar	hacer	poder	poner
di	hice	pude	puse
diste	hiciste	pudiste	pusiste
dio	hizo	pudo	puso
dimos	hicimos	pudimos	pusimos
disteis	hicisteis	pudisteis	pusisteis
dieron	hicieron	pudieron	pusieron

querer	venir	ver
quise	vine	vi
quisiste	viniste	viste
quiso	vino	vio
quisimos	vinimos	vimos
quisisteis	vinisteis	visteis
quisieron	vinieron	vieron

Compound verbs based on those listed above, have the same irregular patterns as the verbs on which they are based.

hacer	poner	tener	traer	venir	conducir
deshacer	componer	contener	atraer	convenir	introducir
satisfacer	disponer	detener	contraer	intervenir	producir
	exponer	mantener	distraer		
	imponer	obtener	sustraer		
	proponer	sostener			
	suponer				

Note: The preterite of **hay** (there is, there are) is **hubo**, but because the preterite is used for **events**, not for ongoing **situations** or **descriptions**, when you want to say 'there was/there were' you are more likely to need the imperfect form **había**.

4.4 The imperfect tense and the imperfect continuous

Usage

The imperfect tense is used:

- to describe what something was like in the past (descriptions)

    *El cine **era** viejo.*
    The cinema **was** old.

- to say what someone or something used to do (habitual or repeated actions):

    ***Iba** al cine todos los sábados.*
    I **used to go** to the cinema every Saturday

- to describe an ongoing action in the past, for example an action that was interrupted by something else that happened:

    ***Trabajaba** [imperfect] cuando llamó [preterite].*
    I **was working** when he called.

Formation of regular verbs

Add the following endings to the stem of the verb. The endings for -er and -ir verbs are the same.

hablar	comer	vivir
hablaba	comía	vivía
hablabas	comías	vivías
hablaba	comía	vivía
hablábamos	comíamos	vivíamos
hablabais	comíais	vivíais
hablaban	comían	vivían

Formation of irregular verbs

Three common verbs are irregular in the imperfect tense, though the endings are similar to those of regular verbs.

ser	ir	ver
era	iba	veía
eras	iban	veías
era	iba	veía
éramos	íbamos	veíamos
erais	ibais	veíais
eran	iban	veían

Imperfect continuous

If you want to describe an 'ongoing action' more vividly, use the imperfect continuous, formed from the imperfect of *estar*, plus the gerund (the form of the verb ending in -ando or -iendo).

***Estaba viendo** un DVD cuando llegó mi novia.*
I **was watching** a DVD when my girlfriend arrived.

4.5 The perfect tense

Usage

As in English the perfect tense describes a single, completed action in the immediate past, one which has just or recently happened, or which is still relevant to the ongoing situation.

*¿**Has oído** su nuevo CD?*
Have you heard their new CD?

*Estoy de mal humor porque mi profesor **me ha castigado.***
I'm in a bad mood because my teacher **(has) told me off**.

Formation

The perfect tense is made up of two parts:

the **present** tense of the auxiliary verb *haber*		the past participle.
he	+	
has		
ha		
hemos		
habéis		
han		

Remember that although *haber* means 'to have' it is **only used as an auxiliary** i.e. to form compound tenses like the perfect. It **never** means 'to have' in the sense of possession (for which *tener* is used).

Formation of regular past participles

Regular past participles are formed as follows:

-ar verbs	-er and -ir verbs
-ado	-ido
Example: escuchado	Example: salido

NB Past participles do not change in Spanish.

*Aquí tienes los CDs que **he comprado** para ti.*
Here are the CDs **I've bought** for you.

Formation of irregular past participles

Some Spanish verbs have irregular past participles. As you can see from this list of the most common ones, groups of them follow the same patterns, which makes them easier to learn:

infinitive	past participle
abrir, cubrir, descubrir	abierto, cubierto, descubierto
decir, hacer, satisfacer	dicho, hecho, satisfecho
volver, devolver	vuelto, devuelto
escribir, describir	escrito, descrito
morir, poner, ver	muerto, puesto, visto

Note that reflexive pronouns and object pronouns always go before the part of haber.

Se ha acostado.   He has gone to bed.
No lo hemos visto.   We haven't seen him.

Using *acabar de* + infinitive to translate 'to have just' done something

If you want to express 'I have just [+verb]', don't use the perfect tense in Spanish: instead, use the verb *acabar* in the **present tense** followed by *de* + infinitive.

Acabo de comprar *este CD.*
I have just bought this CD.

4.6 The pluperfect tense

Usage

As in English, the pluperfect is a compound tense used to talk about what 'had' happened.

*Nos invitaron ir al cine pero **ya habíamos visto** aquella película.*
They invited us to go to the cinema but **we had seen** that film before.

Formation

The pluperfect tense is made up of two parts:

the **imperfect** tense of the auxiliary verb *haber*	+	the past participle.
había habías había habíamos habíais habían		

[see The perfect tense 4.5 for information on past participles]

As in the perfect tense, reflexive pronouns and object pronouns always go before the part of *haber*.

Se había acostado   He had gone to bed.
No lo habíamos visto.   We hadn't seen him.

4.7 The immediate future tense

Usage

Use the immediate future to talk about the near future: things that 'are going to' happen.

Vamos a ver *una película en mi ordenador portátil.*
We're going to watch a film on my laptop.

Formation

The tense is made up of three parts:

the **present** tense of the auxiliary verb *ir*	+	*a*	+	the infinitive
voy vas va vamos vais van				

4.8 The future tense

Usage

Use the future tense to make predictions and statements about the future.

*El ordenador **será** un coordinador de terminales cuyo elemento esencial **será** el teléfono móvil.*
The computer **will be** a coordinating point whose main element **will be** the mobile phone.

When the future tense is used, the tone is more formal than with the immediate future.

*El nuevo X-phone **se lanzará** al mercado en agosto.*
The new X-phone will be launched in August.

[see also 4.11 on how to refer to the future in expressions with cuando]

Formation of regular verbs

Most verbs have a regular future tense. The endings are added to the infinitive, and are the same for all three conjugations. Notice where the accents are:

hablar	comer	subir
hablaré	comeré	subiré
hablarás	comerás	subirás
hablará	comerá	subirá
hablaremos	comeremos	subiremos
hablaréis	comeréis	subiréis
hablarán	comerán	subirán

Formation of irregular verbs

A few verbs have an irregular future stem, so you need to learn these:

decir   dir- : diré, dirás, dirá, diremos, diréis, dirán
hacer   har- : haré, harás, etc.
poder   podr-
poner   pondr-
querer   querr-
saber   sabr-
salir   saldr-
tener   tendr-
venir   vendr-
caber   cabr-
valer   valdr-

4.9 The conditional tense

Usage: would, could, should

Use the conditional tense to talk about:

- what **would happen**/how something **would be**

  Me **gustaría** ponerme en forma.
  I **would like** to get fit.

  Sería mejor ir a pie.
  It **would be** better to go on foot.

- what someone said **would happen**

  Dijeron que **llegarían** a las dos.
  They said they **would arrive** at two.

- what you **would do** (if …)

  Si estuviera en forma, **recorrería** el Camino Inca hasta Machu Picchu.
  If I were fit, **I would go on** the Inca Trail to Machu Picchu.

The conditional of **deber** is used with an infinitive to talk about what someone **ought to/should do**.

El gobierno **debería invertir** más en instalaciones deportivas.
The government **should invest** more in sports facilities.

The conditional of **poder** is used with an infinitive to talk about what someone **could do**.

Podríamos viajar más barato en el tren.
We **could travel** more cheaply by train.

Formation

Start with the future tense stem, and add the conditional endings, which are the same for all three conjugations. They are the same endings that form the imperfect tense of -er and -ir verbs, and always have an accent on the í:

hablar	comer	subir
hablaría	comería	subiría
hablarías	comerías	subirías
hablaría	comería	subiría
hablaríamos	comeríamos	subiríamos
hablaríais	comeríais	subiríais
hablarían	comerían	subirían

Because the conditional uses the same stem as the future tense, the irregulars are exactly the same as the future ones. [see 4.8]

4.10 Recognising the future perfect and the conditional perfect tenses

The future perfect tells you what will have happened:

Si sigue esta tendencia, en 2010 por cada pareja que se case se habrá divorciado otra.

If this trend continues, by 2010 for every couple that marries, another couple will have divorced.

It is formed from the future of haber and the past participle.

The conditional perfect tells you what would have happened:

Habría sido más justo compartir la custodia de su hija.
It would have been fairer to share custody of their daughter.

It is formed from the conditional of haber and the past participle.

4.11 The subjunctive 'mood' and when to use it

The subjunctive and indicative parts of the verb are sometimes known as the **moods** of the verb. We use the term 'mood' because their purpose is to convey the speaker's attitude to the action described.

Like the indicative mood, the subjunctive also has past and present tenses. [see 4.12–4.14]

When to use the subjunctive

- after verbal expressions that convey wishes, advice and requests that someone (else) should do something, such as querer que, pedir que, aconsejar que, decir que.

  Quiere que su marido le **llame**.
  She wants her husband to ring her.

  El entrenador le **aconsejó que corriera** 10 kilómetros cada día.
  His trainer advises him to run 10 kilometres every day.

  Voy a **pedir** a mis amigos **que** me **ayuden**.
  I'm going to ask my friends to help me.

  Voy a **decir** a mi hermana **que vuelva** en seguida.
  I'm going to tell my sister to come back immediately.

- after verbal expressions that convey joy, hope, sorrow, anger, fear and other emotional reactions, such as querer que, es una pena que, me gusta que, lo siento que, es lástima que:

  Lo siento que tu mamá **esté** enferma.
  I'm sorry your mum is ill.

  Nos enfada que tengamos que pedir permiso.
  It annoys us that we have to ask permission.

- after verbal expressions that convey doubt, uncertainty, possibility and probability, such as es posible que, es probable que, puede (ser) que, quizá, tal vez, dudo que, es imposible que, no es cierto que, no estoy seguro de que:

  Dudo que **hablen** español.
  I doubt that they speak Spanish.

  Es imposible que nos **acompañes**.
  It's impossible for you to come with us.

Es probable que haya **salido**.
She has probably gone out. (It's probable that she has gone out.)

- In some impersonal expressions of surprise or wishing:

¡Ojalá sea menos difícil!
If only it were easier!

¡Qué tengas éxito!
May you succeed!/I wish you success!

- After conjuctions that imply intention that something should happen, or conditions for something happening: *para que, de manera que, a condición de que, a menos que*:

*Te escribo **para que sepas** lo que pasa.*
I'm writing so that you know what's going on.

*Te presto este CD **a condición de que** me lo devuelvas* sábado.
I'm lending you this CD on condition that you return it on Saturday.

*No voy **a menos que me acompañes**.*
I'm not going unless you come with me.

- After *cuando* or *hasta que* when you are referring to the future:

*Te diré **cuando te vea**.*
I'll tell you when I see you.

*Esperamos **hasta que lleguen**.*
We're waiting till they arrive.

- After *alguien que ...* [see 2.4]
- In some forms of the imperative [see 4.15]

4.12 The present subjunctive

Usage
[see 4.11]

Formation of regular verbs
Take the yo form of the present tense of the verb and replace the -o ending with the following endings (the endings for -er and -ir verbs are the same):

hablar: hablo	comer: como	subir: subo
hable	coma	suba
hables	comas	subas
hable	coma	suba
hablemos	comamos	subamos
habléis	comáis	subáis
hablen	coman	suban

Formation of irregular verbs
So long as you remember to use the yo form of the present tense – including irregular forms such

as *tengo* – as your stem, there are only a few truly irregular subjunctives to learn:

dar (1st person present *doy*): *dé, des, dé, demos, deis, den*

estar (1st person present *estoy*): *esté, estés, esté, estemos, estéis, estén*

haber (1st person present *hé*): *haya, hayas, haya, hayamos, hayáis, hayan*

[note: you only need this to form the perfect subjunctive, see 4.14]

ir (1st person present *voy*): *vaya, vayas, vaya, vayamos, vayáis, vayan*

saber (1st person present *sé*): *sepa, sepas, sepa, sepamos, sepáis, sepan*

ser (1st person present *soy*): *sea, seas, sea, seamos, seáis, sean*

4.13 The imperfect subjunctive

Usage
You need the imperfect subjunctive in the grammatical contexts explained in 4.11, but in past tense sentences:

Era imposible que hablaras con él.
It was impossible for you to talk to him.

Le dije que no bebiera más.
I told him not to drink any more.

Querían que Antonio se fuera.
They wanted Antonio to go away.

Te escribí para que supieras lo que pasaba.
I wrote so that you would know what was going on.

Era necesario que saliéramos a trabajar.
It was necessary for us to go out to work.

Ella buscaba un hombre que tuviera mucho dinero.
She was looking for a man who had lots of money.

You also need the imperfect subjunctive in 'Si ...' conditional sentences that express doubt or an event which is only a possibility:

Si fuera rico, iría a España.
If I were rich I would go to Spain.

Si me casara con ella, me pondría loco.
If I married her, I'd go crazy.

Formation
The imperfect subjunctive has two forms: one ending in -ra, the other in -se. They are completely interchangeable, but the -ra form is slightly more common than the -se form.

Ella esperaba a que el hombre se fuera.	*She was waiting for*
Ella esperaba a que el hombre se fuese.	*the man to go away.*

To form the imperfect subjunctive of a verb, you need to know its preterite form. The stem is always taken from the third person plural (ellos) of the preterite.

hablar: (hablaron) > habla-		beber: (bebieron) > bebi-		vivir: (vivieron) > vivi-	
-ra form	*-se* form	*-ra* form	*-se* form	*-ra* form	*-se* form
hablara	hablase	bebiera	bebiese	viviera	viviese
hablaras	hablase	bebieras	bebieses	vivieras	vivieres
hablara	hablase	bebiera	bebiese	viviera	viviese
habláramos	hablásemos	bebiéramos	bebiésemos	viviéramos	viviésemos
hablarais	hablaseis	bebierais	bebieseis	vivierais	vivieseis
hablaran	hablasen	bebieran	bebiesen	vivieran	viviesen

Formation of irregular verbs

As with regular verbs, the stem is always taken from the third person plural of the preterite, including whatever irregularity that may contain. Here are three of the most common examples:

tener: (tuvieron) > tuvi-	poder: (pudieron) > pudi-	decir: (dijeron) > dij-
tuviera/tuviese	pudiera/pudiese	dijera/dijese
tuvieras/tuvieses	pudieras/pudieses	dijeras/dijeses
tuviera/tuviese	pudiera/pudiese	dijera/dijese
tuviéramos/ tuviésemos	pudiéramos/ pudiésemos	dijéramos/ dijésemos
tuvierais/tuvieseis	pudierais/pudieseis	dijerais/dijeseis
tuvieran/tuviesen	pudieran/pudiesen	dijeran/dijesen

4.14 The perfect and pluperfect subjunctive

Usage and formation

When you need the perfect and imperfect tenses in the grammatical contexts explained in 4.11, you use the subjunctive instead of the indicative.

The perfect subjunctive is formed as follows:

the **present subjunctive** of the auxiliary verb *haber*	+	the past participle

Es probable que **haya** *salido.*
It **is** likely that she **has** gone out.

The **pluperfect** subjunctive is formed as follows:

the **imperfect subjunctive** of the auxiliary verb *haber*	+	the past participle

Era probable que **hubiese** *salido.*
It **was** likely that she **had** gone out.

4.15 Imperatives

Usage

The imperative is used to give instructions and commands.

Escúchame!	*Listen to me!*
No arrojes basura.	*Don't drop litter.*

Imperatives are either **positive** (do …) or **negative** (don't …).

Imperatives are also either **informal** (*tú/vosotros* forms) or **formal** *usted/ustedes* forms).

Formation of positive imperatives

Informal positive imperatives:

For *tú*, simply use the normal *tú* form without the final *-s*.

For *vosotros*, replace the final *-r* of the infinitive, with *-d*.

	tú imperative	*vosotros* imperative
limitar	limita	limitad
proteger	protege	proteged
vivir	vive	vivid

Hace mucho sol, Paco, **protege** *tus ojos con estas gafas.*
It's very sunny, Paco, **protect** your eyes with these glasses.

¡Niños, hace mucho frío, **poned** *ropa que abriga!*
Children, it's freezing, **put** warm clothes on!

A few verbs have irregular *tú* positive imperatives and need to be learnt separately.

decir	di		salir	sal
hacer	haz		ser	sé
ir	ve		tener	ten
poner	pon		venir	ven

Pon *ropa adecuada y* **ven** *a la playa.*
Put suitable clothes on and come to the beach.

Formal positive imperatives:

For *usted* and *ustedes*, use the third person of the present subjunctive.

	usted imperative	*ustedes* imperative
limitar	limite	limiten
proteger	proteja	protejan
vivir	viva	vivan

Formation of negative imperatives

For all negative imperatives, use the appropriate negative word plus the present subjunctive.

	tú negative imperative	*vosotros* negative imperative	*usted* negative imperative	*ustedes* negative imperative
limitar	no limites	no limitéis	no limite	no limiten
proteger	no protejas	no protejáis	no proteja	no protejan
vivir	no vivas	no viváis	no viva	no vivan

No escuches aquellas tonterías. [tú]
Don't listen to that rubbish.

Nunca bebáis bebidas alcohólicas antes de bañaros, chicos. [vosotros]
Never drink alcoholic drinks before you go swimming, boys.

No olviden sus maletas, señoras y señores. [ustedes]
Don't forget your suitcases, ladies and gentlemen.

[see also 3.2 Object pronouns for how to position pronouns in imperatives]

4.16 Radical-changing (stem-change) verbs

These are verbs which have a change in the spelling of their stem.

Compare the regular -*ar* verb *cantar* with the radical-changing -*ar* verb *encontrar* and -*er* verb *preferir*:

cantar	encontrar	Preferir
canto	encuentro	prefiero
cantas	encuentras	prefieres
canta	encuentra	prefiere
cantamos	encontramos	preferimos
cantáis	encontráis	preferís
cantan	encuentran	prefieren

The stem (or 'radical') changes its spelling in all persons in the singular and in the 3rd person in the plural. In the 1st and 2nd persons plural it does not change. Verbs like these are sometimes called BOOT verbs – you can see why!

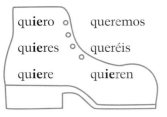

There are three types of spelling change.

O changes to UE: several verbs in all the conjugations have a change of stem from **o** to **ue**. *Poder* is an

example; other common ones are *contar*, *mostrar*, *volver*, and *dormir*. *Jugar* is unique in changing from **u** to **ue**.

*pue*do, *pue*des, *pue*de, podemos, podéis, *pue*den
*jue*go, *jue*gas, *jue*ga, jugamos, jugáis, *jue*gan

E changes to IE: several verbs in all the conjugations have a change of stem from **e** to **ie**. *Preferir* is an example; other common ones are *pensar*, *querer*, *sentir*.

prefiero, prefieres, prefiere, preferimos, preferís, prefieren

E changes to I: Some -*ir* verbs have a change of stem from **e** to **i**. *Pedir* (to ask for) is an example; other common ones are *decir* and *vestir*.

pido, pides, pide, pedimos, pedís, piden

When a verb is stem-changing, compound verbs based on that verb have the same change. For example:

volver (*devuelvo*), *sentir* (*consiento*), *vestirse* (*me visto*).

4.17 Reflexive verbs

Reflexive verbs conjugate the same way as other verbs but also have a reflexive pronoun *me, te, se, nos, os, se*.

*Si **me organizo** bien, puedo tener una tarde libre.*
If I organize myself, I can have a free evening.

The reflexive pronoun usually precedes the verb …

*Mi mujer **se quejaba** de que yo nunca esté en casa.*
My wife used to complain that I was never at home.

… although in the infinitive (and therefore in the dictionary) it is attached to the end: *organizarse*, *quejarse*.

In compound tenses (e.g. the perfect), the reflexive pronoun always precedes the auxiliary verb **haber**.

*Nunca me **he planteado** hacer otra cosa.*
I've never considered doing anything else.

In verb + infinitive constructions where the infinitive verb is reflexive, the pronoun must agree with the subject of the first verb.

*Quiero acostar**me**.*   I want to go to bed.

When giving positive commands using reflexive verbs, the reflexive pronoun is attached to the end of the imperative:

*¡cálla**te**!*   Be quiet!
*¡cálm**ese**, señora!*   Calm down, señora!

But when giving negative commands, the reflexive pronoun stays in its usual position, in front of the verb:

*No **te** enfades, por favor.*
Please **don't get annoyed**.

4.18 The passive and how to avoid it

Usage and formation

Passive expressions tell you what has happened to someone/something who is on the receiving end of an action or event. Here are some examples in English: I **was attacked**; that car **has been sold**; the building **had been closed**.

Passive forms are an impersonal way of saying what happened, instead of using an 'active' form. The 'active' equivalent of these three phrases, for example, would be: he/she/they/someone attacked me; they've sold that car; they had closed the building.

In Spanish, the passive is made up of *ser* + past participle, and the past participle must agree with the subject of the sentence.

*Isabel **fue robada** al salir de clase.*
Isabel **was robbed** as she was leaving the class.

However, this passive form is very rare in spoken Spanish, and is mainly limited to formal, written language. You should avoid using it in conversation and informal language, because it sounds very unnatural in Spanish. There are two very common and easy ways to avoid it.

● Use the pronoun *se* and the third person of the verb:

*En eBay **se vende** y **se compra** de todo.*
On eBay **people buy and sell** all sorts.

*En los sitios como YouTube o Flikr **se cuelgan** vídeos.*
Videos **are posted** on sites like YouTube or Flickr.

● Use an active form instead. For example, to say 'I was failed and had to repeat the year', say
***Me suspendieron** y tuve que repetir el año.*
rather than
***Fui suspendido** y tuve que repetir el año.*

4.19 Impersonal verbal constructions

Using gustar and other impersonal verbs

Verbs like *gustar* and *encantar* are 'back to front' expressions: if you say '*me gusta mucho esta película*', you are actually saying 'this film is very pleasing to me'. The film is the subject, and you are the object. The verb therefore needs to change to plural when the subject is plural.

***Me encanta la obra** de Almodóvar.*
***Me gustan los guiones** de sus películas.*

Singular verb for singular subject. Plural verb for plural subject.

You also need to include the appropriate indirect object pronouns to show who likes:

me, te, le, nos, os, les.

*¿**Te** gusta esa peli? Sí, **me** encanta.*
Do **you** like that film? Yes, **I** love it.

There are other verbs in Spanish that are used 'impersonally' and have no obvious equivalent in English. Using these verbs impersonally makes your Spanish more idiomatic and more stylish. Here are some common ones:

bastar   to be sufficient

Basta (con) decir que …
It's sufficient to say that …

Basta saber que …
It's enough to know that …

¡Basta ya! (de tonterías)
That's enough! (nonsense)

caber   to be contained, to fit

Cabe mencionar que …
It's appropriate to mention …

Cabe destacar que …
It should be pointed out that …

Cabe recordar que …
It's worth remembering that …

faltar   to be lacking

Faltan instalaciones adecuadas.
There aren't enough proper facilities.

Falta la determinación política.
The political will is lacking.

importar   to be important, to matter

No importa el estado físico de una persona.
A person's physical condition doesn't matter.

¿Le importa si me voy?
Do you mind if I go?

quedar   to be remaining

Queda mucho por hacer.
There remains a lot to be done.

Quedó paralítico después del accidente.
The accident left him paralysed.

El proyecto se quedó sin realizar.
The project was never carried out.

sobrar   to be left over, to be in excess

Ha sobrado mucha comida.
There is a lot of food left over.

Nos sobra tiempo.
We have plenty of time.

Este ejemplo sobra.
This example is unnecessary.

valer   to be worth

No vale la pena.
It's not worth it.

Más vale no hacerlo.
It's better not to do it.

Juan no vale para el deporte.
Juan is no good at sport.

Using *se* with third person verb forms to make impersonal statements

The pronoun *se* and the third person of the verb is very often used for impersonal statements, i.e. when we don't state who is the subject of the verb [see also 4.18].

*En esta tienda **se venden** DVDs.*
They sell DVDs in this shop.

*No **se ve** más la publicidad para el tabaco.*
You don't see cigarette advertising any more./
Cigarette advertising **isn't seen** any more.

4.20 Verbs + infinitive constructions

There are many common verbs that can be used together with a second verb:

querer	poder	deber	tener que
necesitar	soler	permitir	odiar
detestar	gustar		

● The first verb is conjugated according to the subject of the sentence. The second verb is always in the **infinitive**:

***Quiero comprar** un periódico.*
I **want to buy** a paper.

***Tenemos que hacer** educación física.*
We **have to do** PE.

*A mis padres **les gusta ver** la tele.*
My parents **like watching** TV.

Notice that although the present participle (jumping, playing) is often used in English in this construction, Spanish **always** uses the infinitive.

● There are also some common **impersonal** expressions which can be followed by the infinitive:

es importante
es necesario
es aconsejable
es imprescindible
es esencial
es preciso
es posible
es imposible
está prohibido

Note: When any one of these expressions is followed by *que* + a different subject, the verb must be in the subjunctive, not an infinitive e.g:

*Quiero **jugar** al badminton,* but
*Quiero **que** José **juegue** al badminton.*
I want **to play** badminton, but
I want **José to play** badminton.

*Es importante **cuidar** la salud,* but
*Es importante **que** (tú) **cuides** la salud.*
It's important **to look after** your/one's health, but
It's important **that you look after** your health.

[see also 4.11]

4.21 Negative constructions

To say you don't do something, simply put no in front of the verb.

***No** sé.*
I **don't** know.

The idea of 'any' in 'not any' is not translated; just use the negative.

***No** tengo dinero.*
I **have no** money. I **haven't any** money.

Because no in Spanish means 'no' and 'not', you often see and hear it twice at the beginning of a sentence.

***No, no** sé.*
No, I don't know.

Other negative expressions are used to express 'never', 'nothing', 'nobody', 'no ...', 'neither ... nor'. These are all used as 'double negatives', so *no* goes in front of the verb, and the other negative word after the verb.

no ... nunca/jamás
never
(*nunca* is more common than *jamás*)

*Ella **no** ha ido **nunca** a Madrid.*
She has **never** been to Madrid.

no ... nada
nothing/not anything

*No tengo **nada**.*
I have **nothing**./I have**n't got anything.**

no ... nadie
nobody/no one

*No vio a **nadie**.*
He saw **no-one**./ He **didn't** see **anyone**.

Note that you need personal *a* even in front of 'nobody'!

no ... ningún(o)/a
no.../not any

*No tengo **ningún** DVD.*
I have **no** DVD(s).

[see also 2.4]

no ... ni ... ni ...
not ... either ... or/neither ... nor ...

*No tengo **ni** tiempo **ni** dinero para ir al cine.*
I have **neither** time **nor** money to go to the cinema.

You can start a sentence with *Nada ...*, *Nadie ...* and *Nunca ...*, but if you do, you don't need the *no*:

***Nunca** ha ido a Madrid.*
She has **never** been to Madrid.

*¡**Nada** tengo en mi cartera!*
I have **nothing** in my wallet!

***Nadie** fue a ver esa película.*
Nobody went to see that film.

Using *tampoco* to express 'neither'

Tampoco is used to express the idea of 'neither/either', especially after a negative:

***Tampoco me gusta** esta peli.*
Neither do I like this film./**I don't like** this film **either**.

– *No salimos hoy tarde.*
– *Nosotros tampoco.*

– We're not going out tonight.
– Neither are we.

Using *sino* to express 'not … but'

You need to use *sino* after a negative to express 'not … but':

***No** me gusta éste **sino** el otro.*
I **don't** like this one **but** (I like) the other one.

4.22 *Ser* and *estar*

Ser

On its own, *ser* describes **identity** or **existence**.

*¿Cuántos **sois**?*
How many of you **are** there?

*Buenos días, **soy** Marisa.*
Hello, **I'm** Marisa.

*¿**Eres** estudiante de moda?*
Are you a fashion student?

*Mi diseñador preferido **es** español.*
My favourite designer **is** Spanish.

We also use *ser*

- with a pronoun or noun:

  *Éste **es el anuncio** en que sale Dani Pedrosa.*
  This **is the advert** in which Dani Pedrosa appears.

  *Dani Pedrosa **es motociclista**.*
  Dani Pedrosa **is a motorbike rider**.

- with adjectives of nationality:

  *Lionel Messi **es argentino**.*
  Lionel Messi **is Argentinian**.

- with an infinitive:

  *La meta de los publicitarios **es hacer** que un producto nos parezca atractivo.*
  The aim of advertising **is to make** products seem attractiveto us.

- with a clause:

  *Un aspecto engañoso de aquella publicidad **es que no menciona** los riesgos.*

  One misleading aspect of that advertising **is that it does not mention** the risks.

- to talk about where an event takes place:

  *¿Dónde **serán** los Juegos Olímpicos de 2020?*
  Where **will** the 2020 Olympic Games **be**?

- with a past participle to form a passive [see 4.18]:

  *El torneo de fútbol **fue patrocinado** por varias empresas.*
  The football championship **was sponsored** by various companies.

- with an adjective that describes an unchanging attribute or an abstract idea:

  *Este anuncio **es divertido. Es genial**.*
  This advert **is funny. It's great**.

  *La publicidad imaginativa **es llamativa y efectiva**.*
  Imaginative advertising **is appealing and effective**.

Estar

On its own, *estar* denotes **location** or **presence**.

– *Hola, ¿**está** Juan?*
– *No, no **está**. Acaba de salir.*

– Hi, **is** Juan there?
– No, **he's** not here. He's just gone out.

We also use *estar*

- to describe position (except to say where events take place, see above):

  *Su foto **está en la portada** de la revista.*
  His photo **is on the cover** of the magazine.

- with a past participle to describe a state which is the result of an action:

  *La publicidad del tabaco **está prohibida** en la televisión.*
  Cigarette advertising on TV **is forbidden.**

- with a present participle to form continuous tenses:

  ***Estaban escuchando** música.*
  They **were listening** to music.

- with an adjective to describe a state which might change:

  ***Estábamos nerviosos** antes del examen.*
  We **were nervous** before the exam.

- with *bien* and *mal*:

  – *¿**Estás** bien?*
  – *No, **estoy** muy mal.*

  – **Are** you well?
  – No, **I'm not** at all well.

4.23 Using *desde* and *hace* in time expressions

To talk about an action or state which began in the past but is still in progress in the present, use

hace + time phrase + *que* + present tense:

Hace seis años que vivo en Barcelona.
I've been living in Barcelona **for six years.**

You can express the same idea using **present tense +** *desde* + *hace* + **time phrase**:

Vivo en Barcelona desde hace seis años.
I've been living in Barcelona **for six years.**

If the situation began and was still in progress **in the past**, use the **imperfect** instead of the present tense:

Hacía seis años que vivía en Barcelona.
or
Vivía en Barcelona desde hacía seis años.
I had been living in Barcelona **for six years.**

To say **how long ago** something happened in the past, use **preterite tense +** *hace* + **time phrase**:

Marián y Asún se conocieron hace cuatro años.
Marian and Asún **met four years ago.**

5 Prepositions

5.1 *Por* and *para*

The prepositions *por* and *para* are often confused because they can both be translated as 'for', but they have different meanings.

Para means 'in order to' or 'for' with a sense of purpose, intention or destination.

Unas ideas **para** crear publicidad buena	Some ideas **for** creating good advertising	[purpose]
Te lo digo **para que** entiendas la situación.	I'm telling you **so that** you understand the situation.	[intention, purpose]
Publicidad efectiva **para** unas zapatillas de deporte	Effective advertising **for** trainers	[purpose]
Este libro es **para** ti.	This book is **for** you.	[destined for]

Por means 'by', 'through', 'by means of', 'on behalf of', 'because of/due to', 'via', 'along', 'during'.

Llama la atención **por** ser cómico.	It attracts attention **by** being funny.	[by]
Estaba acompañado **por** músicos.	She/he was accompanied **by** musicians.	[by]
Viajábamos **por** España, **por** Santiago y después **por** toda la Navarra. Íbamos **por** los caminos pequeños.	We were travelling **around** Spain, **via** Santiago and then all **around** Navarra. We went **by/via/along** the little roads.	[through, via, around]
El concursante fue eliminado **por** falta de talento	The competitor was eliminated **for/due to** lack of talent.	[due to]
Navegaba **por** internet **por** la noche, porque dormía mal.	He used to surf the internet **at** night/**during** the night because he was sleeping badly.	[(around), during]

5.2 Personal *a*

You need to include a personal *a* before …

- human direct objects:

  Compare

  Conozco muy bien la ciudad
  I know the city very well.

  with

  Conozco muy bien a María.
  I know **Maria** very well.

- pronouns representing a person:

  He visto a alguien en el pasillo.
  I saw **someone** in the corridor.

  No conozco a nadie en este pueblo.
  I don't know **anyone** in this town.

- known animals:

  ¿Quieres pasear al perro?
  Do you want to take **the dog** for a walk?

  Mi hermana busca a su gato.
  My sister's looking for **her cat.**

- collective nouns referring to groups of people:

  El presidente está ansioso por convencer a la gente que es sincero.
  The president is anxious to convince **the people** that he is sincere.

  Parecen estar usando a los países menos desarrollados.
  They seem to be exploiting **less developed countries.**

Glosario

a mí me da asco *I can't stand it/him/her*
abarcar *to embrace, cover*
acabar *to end (up)*
acarrear *to give rise to, cause, bring about, carry*
la acera *pavement*
acercarse *to approach*
acertar *to be right*
aconsejar *to advise*
el acoso escolar *bullying*
actual *current, present-day, modern*
actuar *to act*
el acuífero *aquifer, water course*
adecuado/a *suitable*
adecuar *to adapt, make good*
adelantar *to speed up, advance a process*
además de *besides, in addition to*
adivinar *to guess*
advertir *to warn*
afirmar *to state, declare, assert*
agotado/a (estar) *exhausted (to be)*
agradar *to please*
el agua potable *drinking water*
aguantar *to put up with*
ahogarse *to drown*
el ala delta *hang gliding*
alargar *to extend, spin out, prolong*
albergar *to accommodate, house, harbour*
alcanzar *to reach*
alegar *to claim, say, allege, quote*
la alfombra *carpet, rug, mat*
las algas *seaweed*
el almacenamiento *storage*
el almíbar *syrup*
alquilar *to hire, rent*
el alquiler *rent, hire*
el alquitrán *tar*
amargar *to embitter*
ambientar *to set (context of a story)*
el ambiente *atmosphere*
la amenaza *threat*
ameno *engaging, enjoyable*
anticuado/a *old-fashioned*
apagar *to turn off*
apasionado/a de algo/alguien (estar) *crazy about something/someone (to be)*
aplanarse *to grow weak, lose strength*
apoderarse *to take over*
apoyar *to support*
el apoyo *help, support*

el aprendizaje *learning*
aprensivo *anxious, fearful*
aprovechar *to take advantage of, make the most of*
el árbitro *referee*
el argumento *plot*
los arquetipos *stereotypes*
arrepentirse *to repent, be sorry*
la articulación *joint*
asimismo *likewise, in the same way*
el aspecto *appearance*
asqueroso *disgusting*
asumir *to accept*
atracar *to stuff, gorge*
atreverse *to dare*
atropellar *to run over*
en aumento *on the increase*
la ausencia *absence*
auténtico/a *authentic, real*
el automovilismo *motor racing*
el avance (de película) *(film) trailer*
averiguar *to find out*
avisar *to warn*

el baile, cante y toque *dancing, singing and playing (musical instrument)*
la baja paternal *paternity leave*
la bajada *descent*
bajar el volumen *to turn down the volume*
el balneario *health spa*
el balonmano *handball*
la balsa *raft*
la banda ancha *broadband*
la banda sonora *sound track*
la barrera *line, border*
el barro *mud*
batir *to beat, knock down*
bendecir *to bless*
la bollería *cakes, buns*
borracho/a *drunk*
borroso/a *vague, indistinct, blurry, fuzzy*

a la cabeza de *first among, top of the list of*
al cabo de *after, at the end of*
la cabra *goat*
el cachi *(slang) plastic cup*
cada vez mayor (ser) *ever greater (to get)*
caer *to fall, fall down, fall over*
la caída libre *free falling*
la caja tonta *'the box' (TV)*
una caladita *(slang) a 'drag', a puff*

el calentamiento *warm-up*
de calidad *quality*
el calimocho *red wine mixed with cola*
el calzado *footwear*
la campana *bell*
la canasta *basket*
la cancha *court (sports), pitch*
el cangrejo *crab*
el canon *tax*
el cantautor *singer-songwriter*
un capítulo *an episode (TV)*
el cariño *affection*
las carreras de motos *motorbike races*
casero/a *home made, made on the premises*
las castañuelas *castanets*
castigar *to punish*
la cefalea *migraine*
celoso/a *jealous*
celta *Celtic*
central *main, principal*
la cerradura *lock*
el césped *lawn, grass*
las chancletas *flip flops*
el charco *puddle*
checo/a *Czech*
el chicle *chewing gum*
las chucherías *sweets, treats*
el cineasta *film maker, director*
el cinturón de seguridad *seat belt*
la cirugía plástica *plastic surgery*
citar *to quote*
coger *to borrow*
coincidir *to agree, coincide*
el colega *(slang) mate*
colgar el teléfono *to hang up*
colocar *to place, put*
el combustible *fuel*
cómodo *convenient, easy*
compaginar *to combine*
compartir *to share, divide*
el complejo *complex, obsession*
el comportamiento *behaviour*
comportarse *to behave*
comprensivo/a *understanding*
las Comunidades Autónomas *self governing regions*
el concursante *contestant*
el concurso *contest*
confiable *reliable, trustworthy*
confiar (en alguien) *to trust (someone), have confidence in*
conformar *to shape*
conforme a *in accordance with*
el conjunto *band, group, whole*
conllevar *to bring with it, entail, involve*

conmover *to move, affect emotionally*
conocer *to meet, get to know*
conquistar *to win over, conquer*
conseguir *to obtain, come by, find, get, achieve*
el consejo *advice*
consentir (a alguien) *to spoil (someone)*
el consumo *consumption*
contar con *to count on, depend on*
los contenidos de corazón *celebrity gossip*
contestar mal *to answer back*
el/la cónyuge *spouse*
coquetear *to flirt*
el correo basura *junk mail, spam*
corriente *ordinary*
cortar *to cut, cut off, close*
a corto plazo *in the short term*
el cortometraje *short film*
cotidiano/a *everyday, daily*
el coto *preserve, boundary*
crecer *to increase, grow*
el crecimiento *growth*
el creyente *believer*
el cuadro *picture, painting*
cuanto más *the more*
la cuenta bancaria *bank account*
el cuento *story, tale*
las cuerdas *strings, chords*
el cuerno *horn*
la culpa *fault, blame*
culpar *to blame*
el culturismo *bodybuilding*
cumplir (una función) *to fulfil (a function)*
cursi *twee, pretentious*
cuyo *whose*

D

dañino/a *harmful*
el daño *damage, harm, hurt*
dar una vuelta *to go for a walk, go for a drive*
el dato *fact, data*
debilitar *to weaken*
decepcionar *to disappoint*
degustar *to taste, sample*
dejar *to leave, give up, forget, stop*
dejar paso *to give way*
la delgadez *slimness*
denunciar *to report, denounce*
el desafío *challenge*
desanimar *to discourage*
desapercibido/a *unnoticed*
el desarrollo sexual *sexual development*
descalzo *barefoot*
el descenso *descent, drop, fall, decline*
el desconocido *stranger*
desgastarse *to wear out, corrode, weaken*
deslumbrante *dazzling*
desnatado/a *skimmed (milk)*

desorbitado/a *exorbitant*
despectivo/a *contemptuous, scornful, pejorative, negative*
una despedida *(saying) a goodbye*
el despilfarro *waste, squandering*
desplazarse *to move about*
destacar *to stand out*
destruir *to destroy*
difundir *to spread, broadcast, transmit*
el director (de cine) *(film) director*
diseñar *to design*
el diseño *design*
la disfraz *(fancy dress) costume*
disfrutar *to enjoy, make the most of*
dispuesto/a *arranged, ready*
disputar *to compete for*
distraer *to amuse, distract, entertain*
doblar *to dub (voices)*
dotar *to equip*
el dueño *owner*
duradero *lasting*

E

echar *to throw (out)*
echar la culpa *to blame*
embarazada (estar) *pregnant (to be)*
embellecer *to beautify*
emborracharse *to get drunk*
el emilio *email*
el/la emisor(a) *broadcaster*
emocionante *exciting*
emprender *to take on*
empujar *to press, urge, push, shove*
enamorarse *to fall in love*
encontrar(se) *to meet, run into*
enfadar *to annoy*
enfadarse *to get angry*
enfocar *to focus, point, look at*
el enfriamiento *cool-down*
engalanado/a *decorated, festooned*
engancharse a *to get hooked on*
engañar *to cheat, deceive, be unfaithful*
engañoso/a *dishonest, misleading*
la enhorabuena *congratulations*
el enlace *link*
enojar *to annoy*
enredarse en *to get involved in*
enriquecedor *enriching*
enriquecer *to enrich*
el ensayo *trial or test*
entenderse *to understand each other, get along well with*
enterarse *to find out*
entero/a *entire, whole, complete*
el entorno *surroundings, environment*
la entrada *ticket (for entry)*
entrevistar *to interview*
el envase *container*
el envejecimiento *ageing*
envenenarse *to poison oneself*
el envoltorio *wrapping*
equilibrar *to balance*

equivocarse *to make mistakes*
la escalada (libre) *(free) climbing*
la escasez *shortage*
escatimar: no escatimar gastos *to spare no expense*
la escena *scene*
la esclavitud *slavery*
esconder(se) *to hide (oneself)*
el espacio publicitario *commercial break*
a espaldas de uno *behind someone's back*
español(a) *Spanish*
el espárrago *asparagus*
la esperanza *hope*
esperar (algo) de (alguien) *to expect (something) of (someone)*
el esquema *scheme, programme*
la estafa *con, fraud*
el estampado *print (fabric)*
la estancia *ranch, farm*
el estiramiento *stretching*
la estrella (de cine) *(film) star*
el estreñimiento *constipation*
el estreno *launch, première*
los ex cónyuges *ex-marrieds*
el éxito *result, outcome, success, hit*
exquisito/a *trendy*
extraer *to extract, take out*
el extraño *stranger*

F

la falta *lack, need, failure, fault*
la falta absoluta *complete lack*
faltar *to be absent*
el fantasma *ghost, phantom*
la fase *phase*
fastidiar *to annoy*
fiarse de *to trust*
fichar *to sign (up)*
¡fíjate qué locura! *how crazy!*
el fin *purpose, aim*
al fin y al cabo *after all*
el foco *focus*
fomentar *to encourage, promote, stir up*
el fontanero *plumber*
de forma paulatina *gradually*
el fracasado *failure*
frente a *in front of*
los fuegos artificiales *fireworks*
la fuerza *strength*

G

la gaita *bagpipes*
la gama *range*
de gama alta *top quality*
la ganancia *gain, profit, increase*
gastar *to use up*
el gasto *expense, expenditure, cost*
genial *brilliant, clever*
Ginebra *Geneva*
girar *to revolve around*
la grabación *recording*

Glosario

grabar *to record, engrave*
grueso/a *coarse, thick (material)*
el/la guionista *scriptwriter*

H

hacer de canguro *to baby sit*
hacer falta *to need*
hacer las paces *to make the peace*
hacer un casting *to audition*
hacer un esfuerzo *to make an effort*
hacerse cargo *to take on the job*
la halterofilia *weightlifting*
harto/a (estar) *fed up (to be)*
el hecho *fact, event, deed*
la hermanastra *stepsister*
la herramienta *tool*
la hidratación *moisturising*
el hilo musical *piped music*
la hoguera *bonfire*
las hortalizas *vegetables*
el hueso *bone*

I

impedir *to impede*
la implantación *introduction, implantation*
la imprenta *printing press*
imprescindible *essential, indispensable, vital*
imprevisto/a *unexpected*
los impuestos *taxes*
inalámbrico/a *wireless, cordless*
inaugurarse *to be established*
incitante *provocative*
incluso *even, including, actually*
el/la incondicional *big/staunch supporter*
incrementar *to increase*
indeseable *undesirable*
la infidelidad *being unfaithful, adultery*
ingenuo/a *naive*
ingerir (ie) *to ingest, drink*
de inmediato *immediately*
inscribir, inscribirse *to register, enrol, enter (competition)*
la insolación *sunstroke*
insoportable *unbearable*
las instalaciones *facilities*
la intimidad *privacy*
inundar *to flood, swamp, inundate*
involucrar *to introduce, involve*
irrumpir *to burst into*

J

juntarse con *to join with*
junto con *together with*
el jurado *jury*
juzgar *to judge*

L

laboral *work-related*
los lácteos *dairy products*
lanzar *to launch, throw*
a largo plazo *in the long term*
el largometraje *feature length film*
leal *loyal*
las legumbres *pulses (peas, beans)*
la lesión *injury*
la letra *the lyric(s)*
la lidia *bullfighting*
ligarse *to pick up, get off (with)*
el litoral *the coast*
llamativo/a *noticeable*
llegar a las tantas *to come home late*
lograr *to manage, achieve*
luchar por *to fight for, struggle to*
el lugar de filmación *film location*

M

maleducado/a *rude*
los malos tratos *abuse*
mandar (correo electrónico) *to send (emails)*
mantenerse por sí mismo *to look after oneself*
el maquillador *a make-up person*
marchoso/a *fun-loving, lively*
los mariachis mexicanos *Mexican bands*
la marisma *salt marsh, marshy region*
la marquesina *bus shelter*
matar *to kill*
el matrimonio *marriage, married couple*
mediante *by means of*
la medida *limit, measure*
medir *to measure, gauge*
mejorar *to improve*
menos mal que *it's a good job that*
mentiroso *deceitful, false*
meterse *to get involved, interfere*
las mezclas *mixes*
las microburbujas *microbubbles*
del mismo género *same sex*
de moda *fashionable*
el modelo *model (of item, product)*
el/la modelo *fashion model*
el modelo a seguir *role-model*
molestar *to annoy, bother*
el mono *racing driver's or motorcyclist's suit*
el montaje *editing*
el montañismo *mountaineering*
el motor *the driving force*
el móvil *mobile phone*
mudarse *to move, change*
la multa *fine*
el mundo anglosajón *the English-speaking world*

N

narrar *to tell, recount*
natural *native, natural*
el naufragio *wreck, disaster*
el navegante *navigator*
negarse a (hacer algo) *to refuse (to do something)*
la niñera *childminder*
el nivel *level*
la norma *habit, what you normally do*
la normativa *the rules*
un notable *a 'very good' (high mark)*
el/la novio/novia *the groom/bride*

O

obligar a alguien a hacer algo *to force someone to do something*
ocasionar *to bring about, cause*
ocultar *to disguise, conceal*
ocuparse de *to take care of*
ocurrir *to happen*
odiar *to hate, detest, loathe*
oír música en vivo/en directo *to listen to live music*
la ola *wave (water)*
el ordenador (portátil) *(laptop) computer*
orgulloso/a *proud*
orientado/a a *aimed at*
el oyente *listener*

P

padecer *to suffer*
el palmarés *list of achievements, titles*
las palomitas *popcorn*
el pañal *nappy*
la pancarta *placard, banner, hoarding*
la panda/pandilla *group of friends*
el paneo *panning*
la pantalla *screen*
para colmo *to top it all*
el paracaidismo *sky diving*
el parapente *hang gliding*
parar *to stop*
la pareja *pair, couple*
a partir de *starting from*
la pasarela *catwalk*
pasarlo de miedo *to have a fantastic time*
pase lo que pase *whatever happens*
el patrimonio *heritage*
patrocinar *to sponsor, back*
las pavadas *stupidity, foolishness, silliness*
la pelea *fight, quarrel, row*
pelearse *to fight, argue*
la pendiente *slope*
la pensión alimenticia *alimony*
la pérdida *loss, waste*
la peregrinación *pilgrimage*
la peripecia *ups and downs, incidents*
perjudicado/a *damaged, harmed, wronged*
perjudicial *harmful, damaging*
pertenecer *to belong*
pesadísimo/a *very boring, very tedious*
picotear *to nibble*
pintado/a *painted*
el piragüismo *canoeing*

el plano corto *close-up/foreground*
de pleno derecho *full*
poblado/a de *full of*
podar *to trim, prune*
el podio *podium*
poner *to switch on*
por desgracia *unfortunately*
por poco *nearly, almost*
la portada *(magazine) front cover/ page, title page*
precipitarse *to rush*
el pregonero *town crier*
una prenda *item of clothing*
prestar atención *to pay attention*
presumir (de algo) *to show something off*
el presupuesto *quote, estimate*
el primer plano *close-up/foreground*
en primera línea de la playa *right on the edge of the beach*
promover *to promote*
propagarse *to spread*
la propensión *tendency, inclination*
propenso/a a *susceptible to*
la propina *tip, gratuity*
proponerse *to plan to, intend*
protagonizar *to star/play the lead, represent*
la prudencia *caution, wisdom, discretion*
el público objetivo *target audience*
puesto/a *switched on*

Q

quedarse *to keep, stay, remain*
quejarse de *to complain*
la quincena *fortnight*
quitar *to take away*
quitar las ganas *stop wanting*
me quita las ganas *it puts me off*

R

el ramo *bouquet*
la razón *reason*
realizar *to attain, achieve, fulfil, carry out*
rebasar *to exceed, pass, overtake*
recibir (correo electrónico) *to receive (emails)*
el reclamo *attraction, lure, slogan*
el recopilatorio *compilation*
recordar con cariño *to have fond memories of*
recurrir *to resort to, turn to*
el régimen de visitas *visiting rights*
reírse *to laugh*
rejuvener *to rejuvenate*
el remedio *cure, remedy, solution*
renacer *to revive, appear again*
la rencilla *grievance, quarrel*
rencoroso/a *spiteful, resentful*
el rendimiento *performance, submissiveness*
rentable *affordable, profitable*
el reposo *rest*

representarse *to be shown, appear*
repugnar *to disgust*
resfriarse *to catch a cold*
restringir *to restrict, limit*
revisar *to check*
rezongar *to mutter, grumble*
el riesgo *risk, danger*
el rifirrafe *row, scuffle*
el ritmo bajo *bass rhythm*
rodar *to film*
rollizo/a *chubby, plump*
la romería *pilgrimage in the country*
romper *to break*
rutilante *shining, brilliant*

S

sacar el mayor partido *to get the most out of*
la sala *cinema auditorium*
salir caro *to turn out expensive*
el salto en bungee *bungy jumping*
la sandía *watermelon*
sano/a *healthy, sensible*
se lleva un montón *it's a huge hit*
el seguidor *fan, supporter, follower*
el segundo plano *background*
la selva *the jungle*
la señal *sign, signal*
sencillo/a *simple*
el sendero *path, track*
sensible *sensitive*
el ser humano *human being*
la silla de ruedas *wheelchair*
el síndrome de abstinencia *withdrawal symptoms*
sintonizar *to tune into*
sobrado *over the top*
sobre *over, on top of, above*
la sobrecarga *excessive pressure*
soler *to be in the habit of*
solicitar *to request*
solidario/a *caring*
soltero/a *single*
sombrío/a *sombre, sad*
el son *type of Cuban music*
soñar *to dream*
los sonidos graves *bass sounds*
el sótano *basement, cellar*
suave *gentle*
subir el volumen *to turn up the volume*
subrayar *to underline, highlight*
subvencionar *to subsidise*
me suena *it rings a bell*
el sueño *sleep*
sugerir *to suggest, hint, prompt*
sumar *to add up, total, summarise*
superar *to surpass, beat, overcome*
superar (en x minutos) *to overtake, exceed (by x minutes)*
la supervivencia *survival*

T

la tabla *board*
la tablilla *small board*

la taquilla *box office*
la taquillera *box-office clerk*
el tatuaje *tattoo*
la tauromaquia *bullfighting*
el tejido *fabric, material, textile*
la tela *fabric, material*
el telediario *television news bulletin*
la temporada *the time of year, season*
de temporada *seasonal*
tener buen tipo *to have a good figure*
tener una relación *to have an affair*
tener una resaca *to have a hangover*
el tercer *a third party*
la ternura *tenderness*
el timbre *the (sound) quality, tone*
la timidez *shyness, nervousness*
tirar a la basura *to throw away*
tocar fondo *to reach breaking point*
el todo terreno *off-roader, 4 x 4*
tomar la palabra *to address the meeting*
tragar *to swallow*
traicionar *to betray, be unfaithful*
los trámites (de divorcio) *paperwork, (divorce procedures)*
trasero/a *back, rear*
trastocar *to invert*
el trastorno *trouble, disturbance*
el tres cubano *Cuban guitar*
tumbarse *to lie, lie down*

U

ubicarse *to appear, be placed*
último/a *latest*
único/a *only, single*
el usuario *user*
la utilidad *benefit, help*

V

la vajilla *crockery*
la valla *hoarding, billboard*
el varón *male*
¡vaya pregunta! *what a question!*
el vencedor *winner*
vencer *to overcome*
ventajista *self-seeking, opportunist*
la verbena *open-air dance*
en vez de *instead of, in place of*
vigilar *to supervise*
vincular *to link*
el/la viudo/a *widower/widow*
de viva voz *aloud*
vocear *to shout to all and sundry*
volar el nido *to fly the nest (leave home)*
volver loco a alguien *to drive someone mad*

Y

ya que *now that, as, since*

Z

las zampoñas *pan-pipes*

Acknowledgements

The authors and publisher would like to thank their families and the following people, without whose support they could not have created this book:

The staff and students of Kaplan Aspect School, Cambridge
Janine Drake, for editing the book.

Photographs courtesy of:

p6 Getty Images; p9 Gabriel Moisa Fotolia.com; p10 2003 Getty Images, 2003 Getty Images; p11 Despotovic Dusko/Corbis Sygma, DESPOTOVIC DUSKO/CORBIS SYGMA; p12 Cuatro logo courtesy of www.cuatro.com, Antena 3 logo courtesy of www.antena3.com, Telecinco logo courtesy of www.telecinco.es, TeleMadrid logo courtesy of www.telemadrid.com, RTVE1 and RTVE2 logos Radio Televisión Española, La Sexta logo courtesy of www.lasexta.com, Los Serrano image courtesy of www.telecinco.es; p15 Andres Rodriguez. Image from BigStockPhoto.com, andres. Image from BigStockPhoto.com; p16 Gabriel Moisa Fotolia.com; p17 David Lyons/Alamy; p18 Cris Haigh/Alamy, Richard Naude/Alamy; p20 Dmitriy Shironosov. Image from BigStockPhoto.com, pressmaster. Image from BigStockPhoto.com; p22 CrashPA/Alamy; p24 David Lyons/Alamy; p25 iStockphoto.com/Amanda Rohde; p26 Greg Balfour Evans/Alamy; p30 iStockphoto.com/Kelvin Wakefield, Simone van den Berg Fotolia; p32 iStockphoto.com/Amanda Rohde; p33 2006 Getty Images, Photos 12/Alamy; p34 imagebroker/Alamy, Susana Vera /Reuters/Corbis; p36 iStockphoto.com/Anja Hild; p38 Allstar Picture Library/Alamy, Bettmann/CORBIS; p39 MOREL DANIEL/CORBIS SYGMA; p40 Getty Images, Photos 12/Alamy; p41 iStockphoto.com/Phil Date, PYMCA/Alamy; p43 2007 AFP; p44 2007 Getty Images; p45 iStockphoto.com/Juan Estey, 123RF Limited; p46 iStockphoto.com/Hasan Kursad Ergan; p47 2005 AFP; p48 iStockphoto.com/Phil Date; p49 AFP/Getty Images; p51 Neil Setchfield/Alamy, Freeflyer. Image from BigStockPhoto.com; p52 Pablo Corral Vega/CORBIS, Peter Adams, Jon Arnold Images Ltd/Alamy; p56 AFP/Getty Images; p57 iStockphoto.com/Robert Churchill; p60 1995 Getty Images, iStockphoto.com/Christophe Michot, iStockphoto.com/Özgür Donmaz; p62 Felipe Rodriguez/Alamy; p63 George S de Blonsky/Alamy; p64 iStockphoto.com/Robert Churchill; p65 Judith Haeusler; p66 iStockphoto.com/Floortje; p69 iStockphoto.com/philpell; p71 iStockphoto.com/digitalskillet; p72 Judith Haeusler; p73 iStockphoto.com/Peter Garbet; p74 iStockphoto.com/Stephan Hoerold, iStockphoto.com/Jordan Chesbrough, iStockphoto.com/Juan Estey, NSP Images. Image from BigStockPhoto.com, iStockphoto.com/Andres Peiro Palmer, iStockphoto.com/David H. Lewis; p75 AzureRepublicPhotography/Alamy; p76 iStockphoto.com/aldra, Photofusion Picture Library/Alamy; p80 iStockphoto.com/Peter Garbet; p81 iStockphoto.com/Olga Solovei; p82 Juan Manuel Diaz Burgos; p84 iStockphoto.com/Jaroslaw Wojcik; p86 2008, Joaquín S. Lavado (Quino)/Caminito S.a.s.; p88 iStockphoto.com/Olga Solovei; p89 iStockphoto.com/Aldo Murillo; p91 iStockphoto.com/Jamie Evans, iStockphoto.com/Juan Estey, iStockphoto.com/Juan Estey; p92 Stockbyte/Alamy, iStockphoto.com/Diego Alvarez de Toledo; p94 Alex Shalamov. Image from BigStockPhoto.com; p96 iStockphoto.com/Aldo Murillo; p97 kati1313. Image from BigStockPhoto.com, lisafx. Image from BigStockPhoto.com, iStockphoto.com/Peter Finnie, 2008 Jupiterimages Corporation; p98 chicagophoto. Image from BigStockPhoto.com; p99 Nick Hanna/Alamy; p102 2005 Alexander Tamargo, Reuters/CORBIS.

The authors and publishers would like to acknowledge the following for use of copyright material:

p10 '¿Cuánto tiempo se pasa ante el televisor?' El País, SL.; p11 'La telebasura: ¿nos gusta o nos repugna?' This article is licensed under the GNU Free documentation license (http://www.gnu.org/copyleft/fdl/html). It uses material from the Wikipedia article "Telebasura" (http://es.wikipedia.org/wiki/telebasura); p13 'Factor "Derrota"' El Mundo 24th May 2007 (Javier Pérez de Albéniz); p18 'Cinco mil años de publicidad tiene mucha historia' This article is licensed under the GNU Free documentation license (http://www.gnu.org/copyleft/fdl/html). It uses material from the Wikipedia article "Publicidad" (http://es.wikipedia.org/wiki/publicidad); p20 'Los prototipos sociales' This article is licensed under the GNU Free documentation license (http://www.gnu.org/copyleft/fdl/html). It uses material from the Wikipedia article "La publicidad y los estereotipos sociales" (http://es.wikipedia.org/wiki/Publicidad#La_publicidad_y_los_estereotipos_sociales); p21 'Las estrategias de la publicidad' This article is licensed under the GNU Free documentation license (http://www.gnu.org/copyleft/fdl/html). It uses material from the Wikipedia article "Las estrategias de la publicidad" (http://es.wikipedia.org/wiki/Publicidad#Paradigmas_de_las_estrategias_publicitarias); p22 'Un tercio de la publicidad se dirige a los jóvenes' Adapted from 'La publicidad y los jóvenes' El Periódico de Zaragoza 9th February 2007 (Antonio M. Yagüe); p26 'Internet en cifras' Statistics taken from 'Estudio sobre: Uso y perfil de usarios de Internet en España' www.red.es (Ministerio de Industria, Turismo y Comercio); p28 'Los peligros de Internet' Extract from 'Los peligros de Internet' El Mundo, 5th September 2003 (Sofia Garcia and Maria Sanz); p30-1 'La technología es nuestro futuro' Extracts from 'Viaje al futuro de la Informatica' La Vanguardia Magazine 3rd June 2007; p44 'La música y yo' Taken from Melomano Digital (http://www.orfeoed.com/musicayyo/musicayyo.asp); p66 'Aprender a comer con los colores' Adapted from www.consumer.es/web/es/alimentacion/salud_y_alimentacion/infancia_y_adolecencia/2007/03/26/161127.php Consumer.es Eroski; p74 'Consejos para tus vacaciones playeras' Adapted from www.generación21.com; p82 'Una diversidad de familias' Adapted from 'Álbum de familias', El País, SL. 5th August 2007 (Malén Aznárez); p84 'Cuando el padre toma la baja de paternidad' Clara Magazine No. 177 June 2007 (Victoria Gonzales); p87 'Los Reyes de la Casa' Adapted from 'Los Reyes de la Casa' El País, SL. 13th February 2005 (Maria José Grande); p90 'Definiciones de un amigo' Adapted from www.kidlink.com; p92 'Las amistades imprevistas' Adapted from http://spanish.martinvarsavsky.net/; p94 'Un día especial' Adapted from 'Una Nueva Amistad se Inicia' Super Pop magazine no. 680 April 2004; p101 'Las parejas hoy en día' Adapted from 'Las parejas hoy en día' El País, SL. 6th August 1007; p102 'El 75% de los nuevos matrimonios en España acaba en divorcio' Taken from www.20minutos.es; p103 'Centenares de padres separados apenas pueden ver a sus hijos' Adapted from www.20minutos.es (E. Laguna).

Every effort has been made to trace copyright holders but the publisher will be pleased to make the necessary arrangements at the first opportunity if there are any omissions.

Audio recordings produced by Footstep Productions Ltd.